प्रेम गली अति साँकरी

[उपन्यास]

प्रेम गली अति साँकरी

शाज़ी ज़माँ

राजकमल प्रकाशन
नयी दिल्ली पटना इलाहाबाद कोलकाता

ISBN : 978-81-267-2302-7

मूल्य : ₹ 200

पहला संस्करण : 2002
दूसरा संस्करण : 2012
पहली आवृत्ति : 2015

प्रकाशक : राजकमल प्रकाशन प्रा. लि.
1-बी, नेताजी सुभाष मार्ग, दरियागंज
नई दिल्ली-110 002

शाखाएँ : अशोक राजपथ, साइंस कॉलेज के सामने, पटना-800 006
पहली मंजिल, दरबारी बिल्डिंग, महात्मा गांधी मार्ग, इलाहाबाद-211 001
36 ए, शेक्सपियर सरणी, कोलकाता-700 017

वेबसाइट : www.rajkamalprakashan.com
ई-मेल : info@rajkamalprakashan.com

आवरण : वाज़दा ख़ान

मुद्रक : बी.के. ऑफसेट
नवीन शाहदरा, दिल्ली-110 032

PREM GALI ATI SANKAREE
Novel by Shazi Zaman

अम्मी-पापा के लिए

जब मैं था तब तू नहीं, अब तू है मैं नाहिं।
प्रेमगली अति साँकरी, जामे दो न समाहिं॥

प्रस्तावना

किसी व्यंग्यकार ने कहा है कि उपन्यास कहीं भी लिखा जाए, उसकी प्रस्तावना लन्दन से लिखी जानी चाहिए। अफ़सोस कि मेरा उपन्यास तो लन्दन में लिखा गया लेकिन प्रस्तावना दिल्ली में लिखी जा रही है। उम्मीद करता हूँ कि फिर भी उपन्यास में वज़न होगा।

ये उपन्यास कितना 'फ़िक्शन' है कितनी अस्ल ज़िन्दगी के तजुर्बात– इसका कोई सीधा जवाब नहीं क्यूँकि ज़िन्दगी भी कोई 'फ़िक्शन' से कम नहीं और 'फ़िक्शन' तो ख़ैर ज़िन्दगी है ही। ये तजुर्बात मुझ पर गुज़रे कि नहीं, ये बात कोई ख़ास अहमियत नहीं रखती–इसलिए नहीं कि मैं एक अदना इन्सान हूँ (जो कि हूँ नहीं) बल्कि इसलिए कि हज़ारों बरसों के तजुर्बात किस पर नहीं गुज़रे।

इस उपन्यास में प्रो. मोहसिन की कहानी 'अनोखी मुस्कुराहट' और मेरे चचा शफ़ी मशहदी की कहानी 'सुबुकदोश' (दोनों उर्दू में) की झलक है, हालाँकि ये दोनों ही कहानियाँ मैंने पढ़ी नहीं हैं। प्रो. मोहसिन की कहानी के बारे में सुना इतना है कि क़ब्र खोदने वाले की बेटी का किरदार ज़हन पर हावी हो गया है। शफ़ी मशहदी की कहानी पढ़ने की ज़रूरत नहीं

हुई क्यूँकि जिस ज़िन्दा पात्र पर कहानी आधारित है उससे हम दोनों एक साथ मिले थे। ऐसा कोई पहली बार नहीं हो रहा है। मेरे पिता बदीउज़्ज़माँ और चचा शफ़ी मशहदी के साथ भी ऐसा ही हो चुका है। जाहिर इससे यही होता है कि हमारे ख़ानदान में विरासत में ज़मीन जायदाद नहीं, फ़क़त पात्र मिला करते हैं। और हम ख़ानदानी लोग पात्र जैसी बेशक़ीमती चीज़ पर भी झगड़ा नहीं करते। बस अपनी मर्ज़ी के मुताबिक़ उन्हें ढाल लेते हैं।

परम्परा है कि कृति की ख़ामियों की ज़िम्मेदारी ख़ुद अपने ऊपर ली जाती है और ख़ूबियों का सेहरा औरों के सिर बाँधा जाता है। ख़ूबियों के बारे में अपने मुँह से क्या कहूँ लेकिन ख़ामियाँ पात्रों की अपनी हैं। ये ख़ामियाँ सरे-बाज़ार ज़ाहिर हुईं इसके लिए वो दोस्त और मेहरबान ज़िम्मेदार हैं, जिन्होंने मुझे लिखने और लिखा हुआ छापने पर उकसाया।

उपन्यास छपा तो सबसे ज़्यादा स्नेह, आशीर्वाद और सराहना मिली वरिष्ठ आलोचक नामवर सिंह जी से। उनकी हौसलाअफ़ज़ाई से मुझे लगा कि आगे भी लिख सकता हूँ।

राजेन्द्र यादव ने इस उपन्यास के एक बड़े हिस्से को 'हंस' में छापकर ये साबित कर दिया कि जो छपते हैं वो आसमान से उतरकर नहीं आते (पहले मैं यही समझता था) बल्कि हम आप में से ही होते हैं। मधुकर उपाध्याय, अनमोल सक्सेना और राजू संथानम का पीठ पर हाथ रहा इसलिए दुनिया में रुसवाई का डर जाता रहा। लेकिन घर का डर बाक़ी है कि शिल्पी कहीं इसको आपबीती न समझे...।

—शाज़ी ज़माँ

shazi.zaman@gmail.com

1 मई, 2012
नई दिल्ली।

1

अब सोचता हूँ तो कितनी अनहोनी-सी बात लगती है। घर से दूर लन्दन में इंडियन वाई.एम.सी.ए. में मैं और तुम। और मेरे और तुम्हारे इर्द-गिर्द एक पूरी कहानी बुनने वाले न जाने कितने दोस्त। वो दिन याद है मुझे किसी फ़िल्म के पहले सीन की तरह। लन्दन में बर्फ़ पड़ी थी और हरियाली पर सफ़ेदी छा गई थी। लम्बे काले कोट पहने लोग, काली छतरी लगाए लोग, सफ़ेद बर्फ़ पर चलते हुए लोग। मेरी यादों में वो दिन एक ब्लैक एंड व्हाइट फ़िल्म की तरह है। सिर्फ़ इसलिए नहीं कि टेबल के एक कोने पर तुम बैठी थीं। तुमने काले कपड़े नहीं पहने थे। तुमने तो नीली सलवार-क़मीज़ पहनी थी। लेकिन तुम्हारे चेहरे की मासूमियत एक ख़ूबसूरत पुरानी ब्लैक एंड व्हाइट तसवीर की तरह मेरे दिल में मौजूद है। सच पूछो तो तुम क्या तुमसे जुड़े वो सारे दिन धूप-छाँव के नेगेटिव की तरह याद हैं--इस तरह से जैसे ये सब सिर्फ़ ख़्वाब रहा हो। ख़्वाब तो नहीं था, ख़्वाब-सा था।

उस दिन संडे था और सुबह का नाश्ता करने के बाद हम लोग टेबल पर जमे रहे और चाय पर चाय पीते रहे। हम लोग लन्दन में ज़रूर थे लेकिन इंडियन वाई.एम.सी.ए. में थे इसलिए सभी हिन्दुस्तानी चेहरे नज़र आ रहे थे। लेकिन थे तरह-तरह के। एक ही टेबल पर मेरे साथ प्रोफ़ेसर योगेन्द्र शंकर बैठे थे जो कि शायद प्रोफ़ेसर थे भी नहीं। हिन्दुस्तान में कहीं रीडर थे और साल-भर की फ़ेलोशिप पर लन्दन आए थे। हम सब उनसे इतना घुल-मिल

गए कि उन्हें प्रोफ़ेसर कहा करते थे। उनकी बग़ल में बद्रुदीन बैठे थे जो कि स्कूल ऑफ ओरियंटल एंड अफ्रीकन स्टडीज़ में उर्दू में न जाने किस मामले पर रिसर्च कर रहे थे। लन्दन में उर्दू में रिसर्च करना हमें वैसे भी अजीब-सी बात लगती थी और हम लोग उन्हें छेड़ा करते थे। शायरी का शौक़ रखते थे इसलिए हम सिर्फ उन्हें शायर कहा करते थे। उस दिन उनके दोस्त मौलाना भी थे। वो ब्रिटेन में ही रहते थे और किसी मस्जिद में इमाम थे। ब्रिटेन के इस इमाम को हम बहुत हैरत से देखा करते थे। ब्रिटेन की किसी मस्जिद के इमाम का अंग्रेजी बोलना ज़रूरी था, लेकिन इस बात के गले उतरते हमें काफ़ी वक़्त लगा। ख़ुद को मौलाना शफ़ाक़त हुसैन कहा करते थे। लेकिन इन्हें हम लोग छेड़छाड़ में और प्यार में मौलाना ही कहा करते थे। अक्सर हमारी बैठकों में शामिल होते और बिना बुरा माने अपनी खिंचाई कराते।

उस दिन बजोरिया साहब भी हमारे बीच थे। कारोबारी आदमी थे। हालाँकि उन्होंने ये कभी नहीं बताया कि वो कारोबार क्या करते हैं। हम लोगों के लिए तफ़रीह का काफ़ी अच्छा सामान मुहैया करते। अक्सर लन्दन-दिल्ली किया करते और उस दिन भी ताज़ा-ताज़ा पहुँचे थे। भारत सरकार से नाराज़ रहा करते थे कि वो देश को पाताल की तरफ़ ले जा रही है और रुपया है कि पाउंड के सामने गिरता ही जा रहा है। हम सबका ख़याल था कि पाउंड की बढ़ती क़ीमत से वो ख़ुश थे, क्योंकि उनकी आमदनी पाउंड में ही हुआ करती थी। जब वो सरकार की बेवक़ूफ़ियों और बेवक़ूफ़ियों के नतीजे में पाउंड के बढ़ने और रुपए के गिरने की बात करते तो उनकी ज़ुबान पर अफ़सोस होता, लेकिन आँखों में एक ख़ास तरह की चमक। ज़मीन-जायदाद पर बात करना बजोरिया साहब का शौक़ था और हम सब इस शौक़ को हवा दिया करते थे क्योंकि ये भी हमारे लिए एक तफ़रीह थी।

मुझे याद है। बात बजोरिया साहब ने ही शुरू की थी। मेरी तरफ़ देखकर उन्होंने एक सवाल दाग़ा था जो वो पहले भी कई बार दाग़ चुके थे।

"आपको रुपया ज़मीन में इन्वेस्ट करना चाहिए...वैसे तो किया ही होगा आपने...क्यूँ?"

हमेशा की तरह मैंने उनकी बात को मज़ाक़ में उड़ाने की कोशिश की थी।

''बजोरिया साहब मेरे पास तो इतनी ज़मीन भी नहीं कि मैं उसमें दफ़्न हो सकूँ।''

मुझे अच्छी तरह याद है कि तुमने चाय के प्याले पर से ध्यान हटाकर मेरी तरफ़ देखा था। शायद मेरा वहम हो, लेकिन जिस तरह से तुमने देखा उससे लगा कि मैंने कुछ ऐसा कह दिया, जो तुम सोच रही थीं। शायद मैं तुम्हें थोड़ी देर और देखता रहता अगर प्रोफ़ेसर टपक न पड़ते।

''कितनी जगह की ज़रूरत होती है?''

''सेवन बाई टू,'' मैंने जवाब दिया था।

''इतना?''

''चाहें तो लेग-रूम कम कर सकते हैं? किसी घटिया एयरलाइंस की तरह।''

''ठीक है ठीक है, सेवन बाई टू ही रहने दीजिए। वरना शिकायत करेंगे कि घुटने अकड़ गए।''

मेरे और प्रोफ़ेसर के बीच की ये बातें बजोरिया साहब की समझ में कभी नहीं आती थीं। हमेशा की तरह उसे नज़रअन्दाज़ करके वो अपनी पसन्द की बात पर आ गए।

''अब की बेंगलोर में ज़मीन देखी। बॉस लेनी हो तो बताना। पॉश इलाक़ों में भी क़ीमतें गिर रही हैं।''

मैंने फिर हँसकर बात का मुँह मोड़ा और प्रोफ़ेसर से पूछा, ''आपने कभी सोचा है कि लोग अच्छे क़ब्रिस्तान में, यानी जो पॉश इलाक़े के क़ब्रिस्तान हैं, उनमें क्यों दफ़्न होना चाहते हैं?''

''अभी तक तो नहीं सोचा था, अब सोचूँगा। अच्छी जगह पर रहना तो समझ में आता है, लेकिन मरना नहीं। क्यूँ?''

''पता नहीं। मैं तो अच्छी जगह पर रह भी नहीं सकता। मरने की बात तो जाने दीजिए।'' मैंने ठहाका लगाया और तुमने एक बार फिर मेरी तरफ़ देखा।

अब प्रोफ़ेसर सोचने लगे।

''लेकिन क्या वजह होगी कि लोग ऐसा चाहते हैं?''

मैं पूरे तौर पर मज़ाक के मूड में था।

''शायद यह क़रीबी रिश्तेदारों की सहूलियत के लिए किया जाता है।''

''यानी?''

''देखिए, अक्सर क़ब्रिस्तान शहर से दूर-दूर होते हैं। बहुत चाहने वाले रिश्तेदार भी आलस कर जाते हैं। यूँ शहर के बीचोंबीच दफ़्न हों तो आते-जाते, ऑफ़िस से या शॉपिंग से, ज़रा हो लिए।''

''अच्छा!'' प्रोफ़ेसर ने कहा।

''हेलो-हाय के लिए,'' मैंने कहा।

''आप मज़ाक़ कर रहे हैं। मामला काफ़ी सीरियस है,'' अब प्रोफ़ेसर को जोश आ गया था, ''लोग यूँ ही नहीं पचास हज़ार रुपए देकर अपनी जगहें बुक कराते हैं शहर के अच्छे क़ब्रिस्तान में।''

''क्या यही गोइंग रेट है,'' मैंने पूछा।

मौलाना और शायर हमारा मुँह देख रहे थे कि ये क्या बात हो रही है। उन्हें चिढ़ाने के इरादे से मैंने पूछा, ''क्या ब्लॉक बुकिंग भी कराई जा सकती है...और कुछ कन्सेशन...दो की क़ीमत पर तीन...क्रिसमस सेल...''

प्रोफ़ेसर ने मेरी बात को काटा, ''आप शायद अपनी बात को मज़ाक़ समझ रहे हैं। वाक़ई लोगों ने एडवांस में बुक करा रखी हैं कई-कई जगहें। मेरे एक दोस्त हैं...''

''और अगर बुकिंग के बावजूद इन्सान ना मरे तो?''

प्रोफ़ेसर ने सिगरेट सुलगाई, कश लिया, धुआँ मेरे मुँह पर छोड़ा और ड्रामाई अन्दाज़ में कहा, ''तो ज़मीन की क़ीमत तो बढ़ती ही है देर-सवेर।''

''आपका मतलब हर दंगे-फ़साद में?''

प्रोफ़ेसर ने फिर एक कश लिया, ''सोचो तो बात बहुत ग़लत नहीं लगती। बस फ़र्क़ ये है कि दंगे-फ़साद में ऐसे लोग आमतौर पर नहीं मरा करते जो पचास हज़ार देकर क़ब्रिस्तान में ज़मीन बुक कराते हैं। दंगे में मरने वाले तो उन ख़ैराती क़ब्रिस्तान में दफ़्न होते हैं जहाँ ज़मीन हर पाँच साल बाद रिसाईकल होती है।''

''यानी ग़रीब को क़ब्र में भी आराम नहीं।''

मुझे याद है कि बातचीत के यहाँ तक आते-आते टेबल पर भीड़ बढ़ गई। और कौन-कौन आ जुटा था याद नहीं। तुम ज़रूर अब टकटकी लगाए देख रही थीं मुझे।

"मैंने कुछ दिन क़ब्रिस्तान में काटे हैं।"

मेरी इस बात पर टेबल के चारों तरफ़ से बयान आने लगे।

"लौटना कैसे हुआ?"

"दि6 नहीं लगा क्या?"

"जगह पसन्द नहीं आई?"

"लेग रूम कम था क्या?"

"अब तो घबरा के ये कहते हैं कि मर जाएँगे,
मर के भी चैन न पाया तो किधर जाएँगे।"

ये शायर था। कभी-कभी मुझे लगता था कि वो किसी बातचीत में सिर्फ़ इसलिए शामिल होता है कि एक शेर सुना सके।

"ख़ामोश!"

मैंने पूरी मंडली को चुप किया।

"हम क़ब्रिस्तान में रहे ज़रूर, लेकिन हमने अपनी रूह को अपने जिस्म से अलग नहीं होने दिया, क्योंकि उसका अभी वक़्त नहीं आया था।"

"जनाब ये बात तो वैसे भी आपके हाथ में नहीं है," मौलाना ने पूरी गम्भीरता से कहा, "ज़िन्दगी और मौत तो अल्लाह के हाथ में है। जब बुलावा आएगा तो कौन रोक सकेगा!"

"सब ठाठ पड़ा रह जावेगा जब लाद चलेगा बंजारा।"

एक बार फिर शायर।

मौलाना की तरफ़ देखकर मैंने कहा, "मुझे कब इनकार है मौत से और मैंने ये कब कहा कि ये मेरे हाथ में है या कि मैं आधे रास्ते से लौट आया। मैं तो किसी रिश्तेदार की क़ब्र को पक्का कराने के लिए कुछ दिन वहाँ रहा था। वहीं एक क़ब्र खोदने वाले से मुलाक़ात हुई थी जिसने मुझे ज़िन्दगी और मौत के रिश्ते को ऐसा समझाया कि क्या कोई फिलॉस्फ़र समझाएगा।"

"अच्छा?" प्रोफ़ेसर चौंके क्योंकि वो ख़ुद को भी कोई छोटा

फिलॉस्फ़र नहीं मानते थे। अब मैंने उन्हें क़ब्र खोदने वाले के मुक़ाबले में खड़ा कर दिया था।

"बताइए तो कैसे?" उन्होंने कहा।

"उसका काम क़ब्र खोदने का था, लेकिन क़ब्र पक्की करने की ठेकेदारी भी किया करता था। बूढ़ा था। आहिस्ता-आहिस्ता अपना काम करता था। ईंट पर सीमेंट और सीमेंट पर ईंट रखता जाता। मैं बग़ल की पक्की क़ब्र से टेक लगाए इस पर नज़र रखता कि ज़रूरत से ज़्यादा रेत तो नहीं मिला रहा क्योंकि क़ब्र को मज़बूत बनाना था। वैसे यह भी सोचने की बात है कि लोग क़ब्र की मज़बूती पर, उसकी नींव पर, सीमेंट कितना होगा, रेत कितनी इस पर ऐसे ध्यान देते हैं जैसे क़ब्र नहीं मकान हो।"

"क्या यही रिश्ता समझ में आया आपको ज़िन्दगी और मौत के बीच का?" प्रोफ़ेसर मुस्कुराए।

"ख़ामोश," मैंने हुक्म दिया, "कहानी अभी अधूरी है। लाइए, सिगरेट पिलाइए फिर आगे सुनाऊँगा।"

मैंने सिगरेट सुलगाई और चारों तरफ़ नज़र दौड़ाई। मौलाना, शायर और वाई.एम.सी.ए. के कई लोग मेरी बातों का मज़ा ले रहे थे। बजोरिया साहब पता नहीं कब उठकर जा चुके थे। तुम इतनी संजीदगी से मेरी बात सुन रही थीं कि मुझे शर्म आ गई, क्योंकि ये मेरा इरादा नहीं था कि कोई मेरी बात को इतना ध्यान से सुने। हम सब तो यूँ ही ज़बान लड़ाया करते थे। ऐसे मौक़ों पर हमें ख़ुद नहीं मालूम होता था कि हम मज़ाक़ कर रहे हैं या गम्भीर हैं।

"क़ब्र बनाने में कई दिन लग गए। उस बूढ़े के साथ दोस्ती-सी हो गई थी। मेरे पास भी क्या था करने को। बहुत कोशिश करने पर भी दिल नहीं माना कि सिडनी शेलडन का कोई नॉवल ले जाऊँ या वॉकमैन ले जाऊँ और बैठकर सुनता रहूँ। तो टाईम पास करने के लिए उसी से गपशप होती रही। बातों-बातों में उसकी औलाद के बारे में पूछा, तो उसने बताया कि उसकी सात लड़कियाँ हैं। तंगी है। धंधा भी मंदा चल रहा है। लड़के वाले भी न जाने क्या-क्या माँगते हैं। कहाँ से दूँ। लेकिन...अब ग़ौर कीजिए कहानी क्लाईमेक्स पर पहुँच रही है," मैंने मजमे का जायज़ा लिया।

''लेकिन, उसने कहा...और अब बूढ़े की आँखों में चमक थी...'' मैंने सिगरेट का कश लिया और जानबूझकर फिर ख़ामोश हो गया।

''अब अगर दो मिनट के अन्दर ज़िन्दगी और मौत का रिश्ता नहीं समझाया तो मिलके पिटाई करेंगे,'' प्रोफ़ेसर ने बेसब्र होकर कहा।

''बूढ़े ने औज़ार रखकर कहा कि पिछले साल जामा मस्जिद के दंगों के बाद उसने दो लड़कियों की शादी कर दी थी।''

अब माहौल काफ़ी भारी हो गया था। टेबल के चारों तरफ़ सन्नाटा छा गया।

''उसको शायद मालूम न था कि उसकी रोज़ी-रोटी कितने लोगों की मौत से जुड़ी हुई है। उसको अपनी बेटियाँ बहुत प्यारी थीं। आप लोग शायद मेरी बात को झूठ मानें, लेकिन क़सम खाकर कहता हूँ कि उसने जो कहा था वो आज भी कान में गूँजता है। आसमान की तरफ़ देखकर बोला कि अल्लाह ने चाहा तो बाक़ी बेटियों का मसला भी इसी तरह से हल हो जाएगा।''

''तो इससे क्या समझे आप?'' प्रोफ़ेसर ने आहिस्ता से पूछा।

''यही कि ज़िन्दगी और मौत के बीच का फ़र्क़ कितना मामूली-सा है। ज़िन्दगी मौत से कितनी क़रीब और घुली-मिली हुई है। हर ज़िन्दगी के साथ मौत है और हर ज़िन्दगी के बाद तो है ही। हर मौत के साथ किसी की ज़िन्दगी है, किसी के घर का चूल्हा, किसी के घर का दूल्हा, किसी की बिटिया की शादी, किसी नए घर का बसना, दो लोगों का मिलना। ये समझिए कि हर मौत ज़िन्दगी के क़ाफ़िले को आगे ले जाती है।''

मौलाना जो अब तक चुप बैठे थे गला खखारकर बोलने को तैयार हुए क्योंकि मौत का नाम सुनते ही उन्हें लगा कि ये मामला अब उनका है।

''साहब ऐसा है कि ज़िन्दगी और मौत ख़ुदा के हाथ हैं। जो ज़िन्दगी देता है वही ज़िन्दगी लेता भी है। मौत के साथ ही ज़िन्दगी से नाता पूरी तरह टूट जाता है। इस दुनिया के नाते सब यहीं रह जाते हैं। मौत के बाद की ज़िन्दगी का इस दुनिया से क्या ताल्लुक़?''

मौलाना ने जो बात कही वो वैसी ही थी जैसी कि मौलाना कहा करते हैं। आमतौर पर हम उनकी इस तरह की बातों को सुनकर नज़रअन्दाज़ कर

दिया करते थे। लेकिन उस दिन मैंने पूछ लिया, ''क्या मौत के बाद कुछ नहीं?''

''जी है ना। एक ऐसी दुनिया जो ख़त्म नहीं होती। जहाँ मौत नहीं है।''

''लेकिन इस दुनिया में आने का स्कोप नहीं है,'' मैंने छेड़ा।

अब प्रोफ़ेसर की बारी थी।

''क्या मुझ जैसा हिन्दू दोबारा पैदा नहीं होगा?''

मौलाना चुप। इस बात का वो क्या जवाब दे सकते थे।

''तुम यार प्रोफ़ेसर बड़ी मुश्किल से इन्सान बने हो इस जन्म में। अपने कुकर्म की वजह से अगली बार फिर कहीं साँप-बिच्छू बनोगे,'' मैंने प्रोफ़ेसर को छेड़ा। लेकिन वो छिड़े नहीं।

''क्या ज़िन्दगी और मौत के रिश्ते को इस तरह से नहीं देखा जा सकता कि हर ज़िन्दगी का अन्जाम मौत है और हर मौत का अन्जाम ज़िन्दगी,'' प्रोफ़ेसर ने गम्भीर होकर कहा।

''ये तो गीता है,'' मैंने कहा।

''पुनर्जन्म में यक़ीन नहीं है क्या आपका?''

''है ना यक़ीन,'' मैंने ठहाका लगाकर कहा, ''अगर यक़ीन न होता, तो ज़िन्दा कैसे रहता। इस ज़िन्दगी में तो सिफ़र रहा। अब इसी उम्मीद में जिए जा रहा हूँ कि जल्दी-जल्दी मरकर दोबारा पैदा हो जाऊँ तो एक नई ज़िन्दगी शुरू करूँ।''

''तुम तो यार हिन्दुओं और मुसलमानों, दोनों में पिटोगे। किसी एक का मज़ाक़ करने से बचो। वरना अब के दंगों में न जाने तुम्हारा क्या होगा,'' प्रोफ़ेसर ने कहा।

''क्या होगा। किसी की शादी की वजह बनूँगा।''

''तो तुम्हारा मौत के बाद की ज़िन्दगी में यक़ीन नहीं है?''

''ना।''

''तो फिर क़ब्रिस्तान से इतना फेसीनेशन क्यों।''

''क्योंकि क़ब्रिस्तान मुझे इस दुनिया का एक ऐक्सटेंशन काउंटर लगता है। क़ब्रिस्तान का दूसरी दुनिया से कोई ताल्लुक़ नहीं है। वो तो इस

दुनिया की चीज़ है बल्कि यूँ कहें कि इस दुनिया की जो बातें कहीं और समझ में नहीं आतीं वो क़ब्रिस्तान में समझ में आ जाती हैं। मौत अपने आप में कुछ नहीं, बेमानी है। उसकी अहमियत मेरी नज़र में सिर्फ़ उस हद तक है कि वो ज़िन्दगी से जुड़ी है।''

''तो तुम्हारा यक़ीन ना परलोक में है, न पुनर्जन्म में, सिर्फ़ क़ब्रिस्तान में है?'' प्रोफ़ेसर ने ग़ौर से मुझे देखा।

''हाँ बिलकुल।''

मैं भी अड़ गया अपनी बात पर, हालाँकि मैंने अब से पहले कभी ये नहीं सोचा था कि क़ब्रिस्तान से मेरा इतना गहरा नाता है। सच कहूँ तो इस मनहूस बात को मैं ख़त्म करना चाहता था, लेकिन मैंने लौटने के सारे दरवाज़े बन्द कर दिए थे। इसलिए भी कि अब तुम मुझे लगातार देख रही थीं।

बात अभी दूर तलक जाती अगर डेविड अपने ख़ास अन्दाज़ में चम्मच को गिलास से बजाते हुए ये इशारा नहीं करता कि टेबल ख़ाली करने का वक़्त आ गया है। उसे टेबल साफ़ करनी थी और दोपहर के खाने के लिए हज़ार काम करने थे। हम सब उठकर अपने-अपने कमरे की तरफ़ चल दिए। तुम वीमेंस विंग की तरफ़ चल दीं। मैं नज़र से तुम्हारा पीछा करता रहा और सोचता रहा कि तुम कौन?

2

उस दिन दोपहर को धूप निकल आई लेकिन अभी बर्फ़ पिघली नहीं थी। बाक़ी सब यार-दोस्त सर्दी की धूप का मज़ा लेने के लिए बाहर निकल गए थे। मैं जब डाइनिंग हॉल में घुसा तो वो ख़ाली-ख़ाली था। ट्रे में खाना लेकर मैं जब टेबल पर लौटा तो देखा सामने एक पर्स पड़ा है। और तभी तुम आ गईं।

"सॉरी, कोई बैठा है क्या यहाँ?"

"जी हाँ, आप।"

मेरी हाज़िरजवाबी पर तुम मुस्कुराईं। बात-बात में बर्फ़ पिघल गई। तब मुझे मालूम हुआ कि तुम्हारा नाम कल्पना है और तुम्हें मालूम हुआ कि मेरा नाम कबीर है।

"कबिरा खड़ा बजार में," तुम्हारे मुँह से अचानक निकला था और तुम शर्माकर चुप हो गई थीं।

पहली बार मुझे लगा कि मेरा नाम सिर्फ़ नाम नहीं कुछ और भी है और तुम...तुम तो कल्पना हो ही। अब पीछे मुड़कर देखता हूँ तो लगता है कि तुम कल्पना के अलावा कुछ और हो भी नहीं सकतीं, बल्कि मेरे लिए तो तुम कल्पना से भी ज़्यादा थीं। बहुत बाद में मैंने तुमसे कहा था कि तुम्हारी तो कल्पना भी नहीं की थी।

उस दिन खाने की मेज़ पर बात शुरू हुई तो बात से बात निकलती

चली गई।

"आपका लन्दन कैसे आना हुआ?" मैंने पूछा।

"एक वर्कशॉप है।"

"क्या आप भी डॉक्टर हैं?"

"जी नहीं। मरीज़ हूँ।"

तुम्हारी इस बात पर मैं हँस पड़ा, लेकिन फिर चुप हो गया क्योंकि तुम इस हँसी में शामिल नहीं हुईं।

रफ़ू करने के लिए मैंने कहा, "दरअसल, यहाँ वाई.एम.सी.ए. में इतने डॉक्टर आकर ठहरते हैं, एम.आर.सी.पी., एफ़.आर.सी.एस. वग़ैरह के लिए कि मैं हरेक को उस वक़्त तक डॉक्टर समझता हूँ जब तक ये साबित न हो जाए कि वो कुछ और हैं।"

"मैं कुछ और हूँ।"

"क्या?" मेरे इस सवाल का तुमने फ़ौरन जवाब नहीं दिया। मेरे छोटे-से सवाल पर लम्बी ख़ामोशी जब मुझे परेशान करने लगी तो मैंने अपनी ही घुमावदार बातों का सहारा लिया था।

"देखिए, वैसे तो ये कोई ज़रूरी नहीं कि हम कुछ हों ही, और ये तो हम सभी जानते हैं कि कुछ और होके जीने की बात ही कुछ और है। हम जो हैं, वो होके जीने में क्या मज़ा?"

"लेकिन 'कुछ और' से भी बढ़कर 'कुछ नहीं' होने में जो मज़ा है वो?"

तुमसे पहली मुलाक़ात में ही ये सुनना पड़ेगा, ये मुझे उम्मीद नहीं थी। मैं ख़ामोशी में डूब गया। फिर अपनी ख़ामोशी तोड़कर मैंने एकाएक पूछा, "कुछ नहीं होने पर ये कैसे महसूस होगा कि हम कुछ नहीं हैं?"

"कुछ नहीं होने की हद तक पहुँच ही वो सकता है जो कुछ होते हुए भी अपने से ऊपर उठ गया हो।"

इस बात पर मैं तुम्हें देखता रह गया था। क्या उम्र होगी तुम्हारी! मुझसे भी कम। इस उम्र में ये बात! उस दिन मैंने पहली बार ये महसूस किया कि किसी इन्सान की आँखें कितना कुछ कह सकती हैं! बाद में तुमने मुझसे कहा था कि तुम्हें मेरी आँखों को देखकर ही पता चल गया था कि

'वो' मैं ही हूँ।

''लेकिन मैं 'वो' कैसे हो सकता हूँ?'' मैंने कहा था।

''क्यूँ नहीं। मेरे लिए तो तुम ही तुम हो और तुम ही 'वो'।''

''लेकिन मैं तो अपने आपको 'मैं' की तरह ही जानता हूँ, 'वो' की तरह नहीं।''

''तुम जो समझो। तुम्हारे 'मैं' और तुम्हारे 'वो' में कोई फ़र्क़ नहीं है। तुम हो वही।''

''कौन?''

''वही जिसकी तलाश थी।''

मुझे सिहरन-सी होने लगी।

''जानते हो उस दिन तुमने मुझसे पूछा था कि मेरा लन्दन कैसे आना हुआ तो मैं यही कहना चाहती थी कि उसी 'वो' की तलाश में जो तुम हो।''

''सिर्फ़ एक बार देखकर इतना बड़ा फ़ैसला?'' मैंने पूछा।

''पहली बार थोड़े ही देखा था। देखते ही पहचान लिया था।''

तुम्हारी इस बात का इतने दिन बाद भी मेरे पास कोई जवाब नहीं था। मैं तो पहले दिन ही डाइनिंग टेबल पर तुम्हारे सामने बैठे हुए सोच रहा था कि लगता नहीं कि तुम्हें पहली बार देखा है। शायद उन आँखों में, उस चेहरे में ऐसा कुछ था जिसका एक ख़ाका दिल में मौजूद था।

जो अनगिनत शामें तुम्हारे साथ गुज़रीं उनमें से ही कोई एक ख़ूबसूरत शाम रही होगी, जब तुम और मैं खिड़की के बाहर देख रहे थे और कभी-कभी एक-दूसरे को, तब तुमने सवाल पूछा था, ''बताओ मुझे कैसे पहचाना तुमने?''

''वैसे ही जैसे तुमने,'' मैंने कहा था।

''लेकिन तुम्हारा तो रूह में विश्वास नहीं है?'' तुमने कहा।

''नहीं है तो क्या हुआ। इसका मतलब ये थोड़े ही है कि रूह होती ही नहीं है।''

मेरी बात पर तुम हँस पड़ी थीं।

''तुम और तुम्हारी बातें।''

3

पहली मुलाक़ात में होने और नहीं होने की बहस कितना आगे जाती। मेज़ पर छाई ख़ामोशी को तुमने तोड़ा। जैसे एकाएक याद आया हो कि ये दुनियावी सवाल भी पूछना चाहिए।

"आप क्या करते हैं?"

"सबकी पूछे खैर," मेरे मुँह से निकल गया। फिर झेंपकर मैंने बताया था कि मैं बी.बी.सी. में काम करता हूँ।

"तो क्या सन्त कबीर दास की तरह आपकी आवाज़ भी दूर-दर जाती है?"

"जाती है, लेकिन बस जाकर रह जाती है। कबीर दासजी की तरह हमेशा गूँजती रहे, ऐसा नहीं।"

फिर ख़ामोशी छा गई।

"आपके दोस्त नज़र नहीं आ रहे?"

"कौन?"

"वही जो आपको क़ब्रिस्तान से घसीटना चाह रहे थे?"

मैं चुप।

"आपको क़ब्रिस्तान से बहुत फेसीनेशन है?"

अब मुझे बोलना ही पड़ा, "मेरा ख़याल है कि क़ब्रिस्तान इसी दुनिया का एक एक्सटेंशन काउंटर है। इसलिए क़ब्रिस्तान में रहें या बाहर कोई बहुत

फ़र्क़ नहीं है। कुछ लोग समझते हैं कि क़ब्रिस्तान परलोक का दरवाज़ा है। मेरे लिए तो इसी दुनिया का एक्सटेंशन है।''

तुम उस वक़्त चुप रहीं, लेकिन बात फिर उठी एक शाम जब सभी लोग अपना काम निपटाकर चाय के लिए मेरे कमरे में जमा हुए थे। सर्दी का मौसम जा चुका था और शाम लम्बी होने लगी थी। इतनी लम्बी कि रात का खाना खा लेने के बाद भी उजाला रहता और साफ़ नीला आसमान दिखाई देता। हिन्दुस्तान की आदत थी। जब तक अँधेरा नहीं हो जाता मंडली जमी ही रहती। झुटपुटे में, यानी रात साढ़े दस-ग्यारह बजे प्रोफ़ेसर, शायर, मौलाना एक-एक करके चले जाते और अक्सर ये होता कि मैं और तुम रह जाते।

उस दिन बात कुछ ऐसे शुरू हुई कि शायर के मुताबिक़ ''दूर तलक गई।''

एक ड्रामाई अन्दाज़ में मैंने कहा, ''इस शाम की ज़िन्दगी बढ़ने से अन्दाज़ होता है कि हम लोगों को मिले कितना समय गुज़र गया। एक वक़्त था कि शाम दोपहर को ही दम तोड़ देती थी, एक ये वक़्त है कि शाम रात को आने ही नहीं देती।''

बात में बात जोड़ते हुए तुमने कहा था, ''लेकिन ये शाम हमेशा यूँ ही नहीं रहेगी। फिर इसके जल्द ढलने का वक़्त आएगा।''

''फिर उभरने के लिए।'' प्रोफ़ेसर ने अपनी मौजूदगी का अहसास दिलाया।

''ज़िन्दगी की तरह?'' तुमने पूछा

''मतलब?'' प्रोफ़ेसर ने पूछा।

''मतलब ये कि ज़िन्दगी-मौत-ज़िन्दगी के चक्र की तरह,'' तुमने जवाब दिया।

''इस बार ये बात मैंने शुरू नहीं की,'' मैंने बहस में कूदते हुए कहा।

''तुम ये शुरू कर भी नहीं सकते क्यूँकि तुम तो क़ब्रिस्तान जा-जाकर लौट आते हो। तुम्हें क्या मालूम मौत का क्या आनन्द है और मौत के बाद फिर ज़िन्दगी जीने में क्या दुख है,'' प्रोफ़ेसर ने कहा।

''अच्छा तो आप जैसे ये सब मंज़िलें पार कर आए हैं,'' मैंने चमककर

जवाब दिया।

"बिलकुल कर आए हैं। वरना इतने ऊँचे मक़ाम तक कैसे पहुँचते?" प्रोफ़ेसर ने कहा।

"कौन-सा ऊँचा मक़ाम? लन्दन आने का?"

"जी नहीं। एक पहुँची हुई आत्मा बनने का।"

प्रोफ़ेसर मुझे खिंचाई करने का पूरा मौक़ा दे रहे थे।

"आपकी आत्मा पहुँची हुई है ये कैसे कह सकता हूँ। मैं तो सिर्फ़ आपके शरीर को देख रहा हूँ वो भी थोड़ा-बहुत।"

"तौबा-तौबा, तुम तो यार किसी भी बहस को ज़मीन पर उतार देते हो। इसीलिए तुम्हें बार-बार क़ब्रिस्तान से वापस भेज दिया जाता है। तुम इस लायक़ ही नहीं हो कि तुम्हें इसके आगे एंट्री मिले।"

"अरे जब इसके आगे कुछ हो तभी तो एंट्री मिलेगी ना। इसके आगे सब शून्य है। जहाँ तक हम गए इसके आगे तो कोई जा भी नहीं सकता।"

"तो आप जानते हैं कि इस दुनिया के आगे कुछ नहीं है," तुमने धीरे से पूछा था।

"श्मशान घाट के आगे कुछ नहीं," मैंने कहा।

"और वो आपके मुताबिक़ इसी दुनिया का हिस्सा है," प्रोफ़ेसर ने कहा।

"जी हाँ। सब इसी दुनिया का बाज़ार है," मैंने जवाब दिया।

तुमने अपने ख़ामोश-से अन्दाज़ में कहा था, "यहाँ लन्दन के क़ब्रिस्तान में कितना सुकून मिलता है। बिलकुल मरने को जी चाहता है। ऐसा लगता है कि एक दूसरी दुनिया में पहुँच गए।"

"लेकिन मैडम दुनिया है यही। यहाँ लन्दन में हाइगेट सीमेट्री है। यहाँ कार्ल मार्क्स दफ़्न हैं। जानती हैं वहाँ जाकर मुझे पता चला कि लोगों ने कार्ल मार्क्स की क़ब्र को भी बेच लिया। जब सोवियत यूनियन ख़त्म हुआ तो किसी ने कहा कि अब कार्ल मार्क्स का क्या बचा जो इस क़ब्र को टूरिस्ट स्पॉट के तौर पर बनाए रखा जाए। लेकिन लोकल काउंसिल ने कहा, ख़बरदार जो किसी ने उस क़ब्र को हाथ लगाया। जानती हैं क्यूँ? इसलिए नहीं कि उन्हें मार्क्सवाद से लगाव था। इसलिए कि हज़ारों पाउंड की कमाई

होती है। कई पाउंड का टिकट लगता है। दुनिया-भर के कम्युनिस्ट नेता कई पाउंड का टिकट ख़रीदकर मार्क्स को लाल सलाम करने आते हैं।''

''चलिए मान लिया, लेकिन इससे ये कब साबित हुआ कि क़ब्रिस्तान से आगे कुछ नहीं है,'' तुमने पूछा।

''है तो साबित कर दीजिए,'' मैंने शरारत करते हुए कहा।

''कोई दो इन्सान एक-दूसरे को एकाएक पसन्द करने लगते हैं। क्या ये सोल एफ़िनिटी नहीं है?'' तुमने पूछा।

प्रोफ़ेसर ने मेरी तरफ़ से बोलते हुए कहा, ''ये तो किसी भी वजह से हो सकता है। शक्ल का पसन्द आना, ख़ासतौर पर ख़ूबसूरत शक्ल का। ये कोई बड़ी बात नहीं।''

''और इसका ताल्लुक़ आत्मा से हो ये ज़रूरी नहीं। जिस्म से भी हो सकता है,'' मैंने कहा था और कहके फ़ौरन पछताया क्योंकि तुम्हारे चेहरे पर साफ़ पढ़ लिया कि चोट लग गई। तुम्हारा दुखी होना वाजिब था, क्योंकि हम और तुम जिन मंज़िलों को पार कर चुके थे उसे सिर्फ़ जिस्म का रिश्ता कहना ग़लत था। और मेरा ऐसा कहने का इरादा भी नहीं था, लेकिन ज़बान से मजबूर था। फिसल गई और बात भी ऐसी थी कि रफ़ू नहीं की जा सकती थी सबके सामने। चुप रह गया।

अब सोचता हूँ तो ताज्जुब होता है कि बात कहाँ की कहाँ जाती है। क़ब्रिस्तान से शुरू होकर बहस जिस्मानी रिश्ते तक कैसे पहुँची। इसकी कोई तुक है क्या। शायद है भी और नहीं भी। लगा जैसे दिल के अन्दर कोई बैठा है जो हमारी मुलाक़ातों को और बातों को किसी तरफ़ खींच-खींचकर ले जाता है।

एक बार मैंने प्रोफ़ेसर से कहा था, ''साहब कुछ बातें तो दिल के ऐसे कोने से आती हैं कि ख़ुद मुझे भी ताज्जुब होता है कि ये मैं हूँ?''

प्रोफ़ेसर ने मुझे ग़ौर से देखकर कहा, ''आप ही ने कहा—

पैठा है घट भीतरे बैठा है साचेत,
जैसी बुद्धि चाहत हो वैसी बुद्धि देत।''

मैं मुस्कुरा दिया।

प्रोफ़ेसर बोले, ''यानी कि बात उसी तरफ़ जाती है जिधर आप ले

जाना चाहते हैं।''

''पता नहीं। मुझे तो लग रहा है कि मैं उस तरफ़ चला गया हूँ जिधर बात गई है।''

''बातों के सवार हैं आप,'' प्रोफ़ेसर ने धुआँ छोड़ते हुए कहा।

बातों का सवार हूँ तभी तो कल्पना तक पहुँच गया, मैंने सोचा।

4

बातों पर सवार होकर रिश्तों की मंज़िलें पार करने की भी एक कहानी थी।

हमारी मुलाक़ात को सिर्फ़ चन्द शामें हुई थीं। मैं लौंड्री रूम की आरामकुर्सी पर बैठा डूबते सूरज को देख रहा था। हफ़्ते-भर के कपड़ों को वॉशिंग मशीन में धोने के बाद सुखाने के लिए ड्रायर में डाल दिया था। मशीन को चालीस पेंस खिलाकर मैं कपड़े सूखने का इन्तज़ार कर रहा था कि तभी तुम दाख़िल हुईं।

"वाह क्या उम्दा जगह है मुलाक़ात की," मैंने कहा।

"कैसे?"

"कभी लोग नदिया तीरे मिलते थे, अब वॉशिंग मशीन पर।"

तुम्हारा चेहरा लाल हो गया और तुमने जल्दी-जल्दी अपने कपड़े वॉशिंग मशीन में डाल दिए। मशीन में सिक्के डालने के बाद तुमने पूछा, "नदिया तीरे मुलाक़ात का अन्जाम क्या होता था?"

"क़रीब आना।"

"फिर?"

"और क़रीब आना," मैंने कहा।

"फिर?" तुमने पूछा।

"इस ट्रेडिशनल सेटिंग में इसके बाद शादी ही हो सकती है," मैंने हँसते हुए कहा था।

“आप शादी क्यूँ नहीं कर लेते?”

“हमसे कौन शादी करेगा?” मैंने कहा।

“क्यूँ, क्या कमी है आपमें?”

“जहाँ तक नज़र आती है कमी ही कमी है।”

“अच्छा हम भी सुनें।”

“कोई एक हो तो बताएँ।”

“चुप रहो,” तुमने इतनी ज़ोर से कहा कि कान का पर्दा हिल गया और दिल भी, “जो आपको पसन्द करते हैं उनकी नज़र से देखिए।”

“मैं ख़ुद को पसन्द करता हूँ,” मैंने कहा, “लेकिन आइने में हर ऐंगल से अपने आपको देखा। चेहरा पसन्द न आया।”

“औरों की नज़र से देखिए,” तुमने कहा था, “उनकी नज़र से जो आपको...आपको पसन्द करते हैं।”

“ऐसा कोई मिला तो ज़रूर पूछूँगा, अभी तक तो नहीं मिला। लोग मेरे चेहरे को एक नेगेटिव डेफ़ीनेशन समझते हैं। यानी कि ख़ूबसूरत चेहरे में क्या-क्या नहीं होना चाहिए वो जानने के लिए मेरी मिसाल देते हैं।”

“झूठ है। आप जानते हैं कि आप झूठ बोल रहे हैं।”

“बिलकुल नहीं। क्या-क्या कोशिश की है बेचारों ने मेरे चेहरे में ख़ूबी ढूँढ़ने की। नाकाम...अफ़सोस।”

“कोई कोशिश-वोशिश नहीं की होगी।”

“अच्छा तो एक मिनट के लिए मान लीजिए कि आपको मेरे चेहरे में ख़ूबी ढूँढ़नी पड़े तो आप क्या करेंगी।”

“मैं?” इस सवाल के लिए शायद तुम तैयार नहीं थीं।

“हाँ, लगे हाथों देख लेते हैं कि आप क्या ढूँढ़ पाती हैं।”

“ठीक है,” तुमने एक पल रुककर कहा, “आपका चेहरा कितना पुरसुकून है। कितना ठहराव है। इस खोए हुए चेहरे के पास आकर लोग दूर कैसे जा सकते हैं।”

“खोए हुए?”

“हाँ, खोया-खोया नहीं। खोया हुआ।”

“मैं समझा नहीं,” मेरे जिस्म का रोआँ-रोआँ खड़ा हो गया था।

''अरिस्टोफेंस की कहानी सुनी है?''

''नहीं,'' मैंने कहा।

''प्लेटो ने इन्सानी ताल्लुक़ात पर, मुहब्बत पर एक किताब लिखी है जिसमें प्लेटो और कई और लोग प्यार की डेफ़ीनेशन पेश करते हैं। उस दौर का नामी नाटककार अरिस्टोफेंस कहता है कि आदिकाल में हर इन्सान के दो चेहरे थे, चार हाथ, चार पाँव यानी आज के मुक़ाबले में इन्सान दुगना था। देवताओं को उसकी ताक़त का इतना ख़तरा महसूस हुआ कि उसे काटकर दो हिस्सों में कर दिया। यानी आज के इन्सान जैसा। तब से ही अधूरा इन्सान अपने दूसरे हिस्से को ढूँढ़ता फिरता है। और जब तक वो मिल नहीं जाता वो पूरा महसूस नहीं करता। इसीलिए तो कुछ चेहरों को देखकर लगता है कि वो खोया हुआ चेहरा है।''

''तुम भी लन्दन, इतने हज़ारों मील कुछ ढूँढ़ने आई हो?'' मैंने पूछा।

''हाँ ना। ढूँढ़ने आई हूँ।''

''तो इतनी तकलीफ़ क्यूँ की। मैं ही चला आता।''

ये बात मेरे मुँह से कैसे निकली, मुझे भी नहीं मालूम। ऊपरी तौर पर मैंने बात हँसकर की थी, लेकिन कहते ही समझ गया था कि बातों पर सवार होकर मैं कहीं दूर निकल गया हूँ।

मशीन न जाने कब की बन्द हो चुकी थी। तुमने कपड़े उठाए और तीर की तरह बाहर चली गईं।

अपने कमरे में आकर मैं बहुत देर सोचता रहा। जब कुछ नहीं सूझा तो तुम्हारा फोन मिलाया, ''हैलो।''

ख़ामोशी।

''कल्पना! हम एक मिनट तुम्हारे पास आएँ?''

''नहीं।''

''क्यूँ?''

''मैं...मैं बात नहीं कर पाती ठीक तरह से।''

''ध्यान बँट जाता है?'' मेरे मुँह से निकल गया।

रिसीवर को टेलीफ़ोन पर रखे बग़ैर मैं कमरे से निकला और सीढ़ियाँ उतरता हुआ तुम्हारे कमरे के दरवाज़े तक आ गया। एक पल ठिठककर मैंने

दरवाज़ा खोला और कमरे में दाख़िल हो गया। कहना मुश्किल है कि कितनी देर तक हम एक-दूसरे को देखते रहे। याद नहीं कब देखने, और महसूस करने के बीच की दूरी ख़त्म हो गई। किसी अलाव के पास, किसी गुफा में भी तो ये सब ऐसे ही हुआ होगा...मैं सोचता रहा।

खिड़की के बाहर से चाँद हमें देखता रहा। यूँ जैसे कि हमेशा से देखता रहा हो।

5

अगले पिछले जन्म में मेरा यक़ीन नहीं था। जिसे तुम 'सोल एफ़िनिटी' कहती थीं उसका मेरे लिए कोई ख़ास मतलब नहीं था। लेकिन हम दोनों का इस तरह से क़रीब आ जाना...ऐसे जैसे ये तो होना ही था...ये समझ पाना मेरे लिए मुश्किल था। आख़िरकार मैंने एक 'थ्योरेटिकल' मसले के तौर पर ये अपनी मंडली के बीच रखा।

"सोल एफ़िनिटी या जिसे दो रूहों का क़रीब आना भी कह सकते हैं...ये कुछ है भी या कि ख़यालों की चीज़ है?"

प्रोफ़ेसर ने सिगरेट का धुआँ छोड़ा और कहा, "ये डिपेंड करता है कि आप रूह को मानते भी हैं कि नहीं।"

"अगर मान लें कि होती है तो?"

"मान लेने का मतलब?" मौलाना ने ज़रा सख़्ती से कहा।

"मेरा मतलब बहस के लिए मान लें तो," मैंने कहा।

"बहस के लिए क्यूँ मान रहे हैं। इतना ही है तो मानिए मत। ख़ुदा को भी मत मानिए," मौलाना अपने जाने-पहचाने मूड में आ गए।

"देखिए कोई भी दो लोग एक-दूसरे को क्यूँ पसन्द करते हैं...ये समझना ज़रा मुश्किल है। दोस्ती भी दुश्मनी की तरह कई बार बेवजह होती है। बेवजह यानी कि इसकी कोई ऐसी वजह नहीं होती जो आमतौर पर समझ में आ सके," प्रोफ़ेसर ने कहा।

“और ख़ासतौर पर?” मैंने पूछा।

“ख़ासतौर पर समझने के लिए लॉजिक से ऊपर उठना पड़ता है, जो आप उठेंगे नहीं।”

“मान लीजिए कि उठ गया।”

“तो फिर क्या! समझ जाएँगे।”

“अच्छा। लॉजिक से नहीं समझा जा सकता?” मैंने पूछा।

“आप बताइए, लॉजिक से कैसे समझ सकते हैं आप?” प्रोफ़ेसर ने मुझ पर ही जवाबी हमला किया।

“मेरा मतलब जब कोई किसी को पसन्द करता है, वैसे ही जैसे कि हिन्दी फ़िल्मों में होता है...अचानक...तो उसकी क्या वजह होती है। क्या आकर्षण है जो क़रीब लाता है?” मैंने पूछा।

प्रोफ़ेसर ख़ामोश हो गए। फिर बोले–“मेरा ख़याल है कि यहाँ आकर तर्क से काम नहीं चलता। मनोविज्ञान की नज़र से देखो तो ये हो सकता है कि अपनी ही कुछ ख़ूबियाँ किसी और व्यक्तित्व में ढूँढ़ी जा रही हैं। बिना ये समझे हुए कि हम दरअसल ख़ुद को ही पसन्द कर रहे हैं, हम किसी और को पसन्द करने लगते हैं।”

“ढूँढ़ता फिरता हूँ ऐ इक़बाल अपने आपको,
आप ही गोया मुसाफ़िर आप ही मंज़िल हूँ मैं।”

ये शायर की आवाज़ थी।

“साइकोलॉजी की थ्योरी मुझे मत सुनाइए। सब पढ़ी हुई हैं। किसी में माँ की या बाप की शक्ल ढूँढ़ना, किसी में ख़ुद को ढूँढ़ना। सब पढ़ा है, आपने भी पढ़ा है प्रोफ़ेसर साहब। ये बताइए कि क्या इन बातों से आपको इस बात का जवाब मिल गया है कि आप किसी को क्यूँ पसन्द करने लगते हैं या कि आपको कोई क्यूँ पसन्द करने लगता है...वैसे आपके केस में इसकी उम्मीद कम ही है,” मैंने कहा।

प्रोफ़ेसर, शायर और मैं तीनों ही ख़ामोश होकर कोक पीने लगे। जैसे किसी के पास कोई जवाब ही नहीं था।

ख़ामोशी को तोड़ा मैंने ही।

“बड़ी बातें बनाना आता है। दुनिया के किसी भी सवाल का जवाब

लाइब्रेरी की टेबल पर मिल सकता है। और वो जवाब आपको मुतमईन भी कर देगा बशर्ते कि उस सवाल का ताल्लुक़ आपकी ज़िन्दगी से ना हो। जब बात आएगी ना अपने ऊपर तो उलझनें और ज़्यादा उलझ जाएँगी।''

जोश में मैं ये सब कह तो गया, लेकिन जो कह गया उससे ख़ुद ही चौंक गया।

प्रोफ़ेसर और शायर मुस्कुराने लगे।

''कुछ हो गया क्या?'' प्रोफ़ेसर ने कहा।

''नहीं, होता ही रहता है,'' मैंने जान बचाने के लिए कहा।

''बता दो यार।''

''कुछ हो तो बताऊँ!'' मैंने कहा।

''कुछ तो है।''

''नहीं, सच कह रहा हूँ। बिलकुल ख़ाली हूँ।''

मेरे ख़ालीपन पर शायर, प्रोफ़ेसर और यहाँ तक कि मौलाना भी ठहाका लगाकर हँस पड़े।

मैंने चैन की साँस ली कि बच गए।

6

ऑफ़िस में फ़ोन की घंटी बजी तो उस तरफ़ तुम थीं।

"बाहर देखिए...कितना अच्छा मौसम है।"

"बाहर देखूँ! सुबह से इतनी फ़ुरसत भी नहीं मिली कि अपने अन्दर देख सकूँ," मैंने कहा।

"देखिए ना प्लीज़...क्या बारिश हो रही है," तुमने कहा।

"जानती हो, किसी और से कहोगी तो हँसेगा। लन्दन में बारिश होना बुरे मौसम की निशानी है। बेवफ़ाई की बात आती है तो मौसम का ज़िक्र होता है। इसीलिए यहाँ कहते हैं कि वर्क, वीमन एंड वेदर...थ्री डब्ल्यूज़...इनका कोई भरोसा नहीं," मैंने खिड़की से बाहर झाँकते हुए कहा।

"प्लीज़ आफ़िस से निकल आओ।"

"वर्क, वेदर एंड वीमन," मैंने कहा।

"मतलब?"

"लाइन के इस तरफ़ नौकरी, उस तरफ़ आप और बाहर मौसम... बताइए किसकी ख़ातिर किसको क़ुरबान करूँ।"

"बस आ जाओ बाहर," तुमने कहा।

"अरे लन्दन की बारिश है जब तक पहुँचूँगा तब तक बरस के शान्त हो चुकी होगी," मैंने कहा।

“नहीं आए तो मैं बरसती रहूँगी,” तुमने कहा।

मैंने घड़ी की तरफ़ देखा। समाचार शुरू होने में सिर्फ़ तीस सेकंड बाक़ी थे और मुझे समाचार शुरू होने के ठीक दस मिनट के अन्दर स्टूडियो पहुँचना था।

“शॉर्टवेव सोलह, पच्चीस, इकत्तीस और इकतालीस तथा मीडियमवेव दो सौ बारह मीटर पर ये बी.बी.सी. लन्दन है। यहाँ लन्दन में ग्रीनिच मान समयानुसार दोपहर के दो बजा चाहते हैं और भारत में शाम के साढ़े सात।”

“सुन रही हो?”

मैंने रिसीवर को साउंड बॉक्स पर रख दिया।

“शाम के साढ़े सात बज गए हैं...अब तो निकल आओ,” तुमने कहा।

“जी हाँ, लेकिन लन्दन में नहीं।”

“चलो कहीं तो सही वक़्त हुआ।”

मैंने धड़कते दिल से घड़ी की सुई की तरफ़ देखा।

“ये बी.बी.सी. लन्दन है। अब आप...”

मैंने रिसीवर साउंड बॉक्स पर रख दिया।

“आज कोई बड़ी ख़बर है क्या,” तुमने पूछा।

“हर रोज़ बड़ी ख़बरें होती हैं, वरना बुलेटिन ही न होता,” मैंने कहा।

“बारिश से भी बड़ी?” तुमने पूछा।

डर के बावजूद मुझे हँसी आ गई।

“बारिश में कौन-सी ख़बर है, ये तो पल-पल होती है, पल-पल रुकती है।”

“तो ये रुकना और होना कोई ख़बर नहीं?” तुमने पूछा।

“ये तो लन्दन में रोज़ होता है। ख़बर तभी है जब ‘ट्यूब’ में रेल रुक गई हो...कहीं ट्रैफ़िक रुक गया हो,” मैंने कहा।

“मेरा रुकना ख़बर नहीं?” तुमने पूछा।

“करोड़ों सुनने वालों के लिए नहीं,” मैंने कहा।

“ओफ़्फ़ोह, उनकी कौन फ़िक्र कर रहा है...” तुमने कहा और फिर चुप हो गईं।

“हैलो,” मैंने कहा।

कोई जवाब नहीं मिला। सिर्फ़ बारिश की आवाज़ आती रही।

“अरे बताइए ना, समय निकला जा रहा है,” मैंने कहा।

“यही तो मैं कह रही हूँ,” तुमने कहा।

“मुझे एक डिस्पैच पढ़ना है नीचे जाकर,” मैंने कहा।

“आप जो कहते हैं वो सब लोग समझ जाते हैं?” तुमने पूछा।

“कोशिश तो यही रहती है।”

“और जो नहीं कहते वो भी समझ जाते हैं?”

“जो समझते हैं वो तो समझ ही जाते हैं,” मैंने कहा।

“तो मेरी बात भी तो समझिए। बाहर आइए ना,” तुमने कहा।

“बाहर कोई ख़बर है क्या?” मैंने पूछा।

“इससे बड़ी क्या ख़बर हो सकती है?”

“किस से बड़ी,” मैंने पूछा।

“इस बारिश से बड़ी।”

“ये बारिश तो हमेशा से चली आती है,” मैंने कहा।

“लेकिन ऐसी तो नहीं,” तुमने कहा।

“क्यूँ? ऐसी भी अक्सर होती है...”

“बिलकुल ऐसी नहीं,” तुमने कहा।

“आपने तो इतिहास में इससे भारी-भारी बारिश देखी होगी,” मैंने कहा।

“लेकिन ऐसी नहीं देखी,” तुमने कहा।

“क्यूँ?”

“क्योंकि तब मेरे अन्दर बारिश नहीं थी,” तुमने आहिस्ता से कहा।

“क्या कहा, क्या कहा?” मैंने पूछा।

बारिश की आवाज़ आती रही। अन्दर से भी और बाहर से भी।

“बाहर आ जाइए।”

“तुम हो कहाँ?” मैंने पूछा।

“ठीक आपके ऑफ़िस के सामने फ़ोन बूथ पर।”

“ओ गॉड, भीग तो नहीं गईं?”

"तुम्हारे आने तक नहीं भीगूँगी।"

"मेरा आना वाक़ई मुश्किल है...अगर इस वक़्त आया तो शायद वापिस आने की ज़रूरत न पड़े।"

"क्यूँ?"

"बस किसी एक की क़ुरबानी तो देनी ही पड़ेगी," मैंने कहा।

"कोई है क्या?"

"कहाँ?"

"जिसके साथ बारिश में भीग रहे हो।"

"ये बारिश भी कोई 'फ़िगरेटिव' चीज़ है..."

"बताओ कौन है?"

मैंने सिर उठाकर देखा। दिव्या और रागिनी सिर जोड़कर खिलखिला रही थीं। कभी मुझे देखकर कभी एक-दूसरे को। ये दोनों उनमें से थीं जिन्हें 'सेकेंड जेनरेशन एशियन' कहते हैं। लेकिन शायद एशियन तो वो सिर्फ़ इस हद तक थीं कि गोरेपन में थोड़ा भूरा-भूरा भी नज़र आता था। एक ऐसा रंग जो मेरे दोस्तों के मुताबिक़ अंग्रेजों को दीवाना किए जा रहा था।

"रोज़ी को तो छोड़ भी दूँ, लेकिन रोटी?" मैंने कहा।

"तो रोज़ी भी है वहाँ?"

"है भी और नहीं..."

"समझ गई...मत आओ।"

"रुको-रुको..."

"भीगो अपनी बारिश में।"

"रॉट इन योर ओन स्ट्यू का तर्जुमा है क्या?"

"सब अपनी-अपनी बारिश में हैं...रहें," तुमने कहा।

"मानोगी नहीं?"

"बस बाहर आने को तो कह रही हूँ," तुमने कहा।

"अपने अन्दर से बाहर आ जाऊँ तो चलेगा?"

"चलो आज इतने पर ही चलेगा...शर्त है कि वापिस नहीं जाना," तुमने कहा।

"बी.बी.सी. लन्दन से समाचार समाप्त हुए।"

मेरा प्रोग्राम शुरू होने में अब सिर्फ़ तीस सेकेंड बाकी थे।

"शाम को मिलता हूँ," मैंने कहा और बिखरे हुए काग़ज़ समेटता हुआ तीर की तरह स्टूडियो रवाना हो गया।

7

उस दिन शाम को मेरे एक दूर के भाई की शादी थी और मैं तुम्हें भी घसीटकर ले गया था। तुम्हारे ना-ना करने के बावजूद मुझे लगा कि एक शाम भी तुम्हारे बग़ैर क्यूँ गुज़ारी जाए। रास्ते भर 'ट्यूब' में तुम मुझसे लड़ती रहीं।

"क्या करूँगी मैं?"

"जो मैं करूँगा।"

"तुम्हारे तो रिश्तेदार हैं।"

"तब तो तुम्हारे भी हुए।"

"ओफ़...तुम समझते क्यूँ नहीं। कोई पूछेगा तो क्या बताओगे?"

"कह दूँगा...कह दूँगा...वी आर फ्रेंड्ज़।"

"तुम्हारी चची ने अगर पूछा कि बेटा ये फ्रेंड क्या होता है तो तुम क्या कहोगे?"

"कह दूँगा चची ये फ्रेंड वही होती है जो आपके बेटे की ये अंग्रेज लड़की है जिसके साथ वो शादी कर रहा है।"

"तुम्हारा भाई अंग्रेज लड़की से शादी कर रहा है?"

"जी हाँ...माँ-बाप ने शुक्र मनाया होगा कि चलो शादी तो कर रहा है। लड़की को कहने को मुसलमान कर लिया है। अमेंडा से अमीना। मेरे एक दूसरे चचा तो इसी ग़म में हैं कि बेटा शादी नहीं कर रहा। किसी के

साथ रह रहा है। और वो भी किसी लड़के के साथ। क़सम दिलवाई मुझे कि बेटा इंडिया में किसी से कहना मत। बड़ी थू-थू होगी।''

''सोचो कितना शॉकिंग लगता होगा इन लोगों को। एक ख़ास तरह से पले-बढ़े लोग...ऐसे ख़ानदान के जहाँ नौकरी के बाद माँ-बाप की पसन्द की शादी करा दी जाती है और उसी एक शादी पर ज़िन्दगी गुज़र जाती है। ऐसे लोग यहाँ आकर ये दिन देख रहे हैं कि बेटा न सिर्फ़ ये कि शादी नहीं कर रहा बल्कि बिना शादी किए रह रहा है...वो भी एक लड़के के साथ। सोने पर सुहागा।''

ऑस्टरली स्क्वेयर आ गया और हम लोग टहलते हुए मैरिज हॉल तक आ गए। पुरानी इमारत जिसमें जगह-जगह गुज़रे ज़माने के नामवर लोगों की तसवीरें लगी थीं। मैंने मुस्कुराते हुए तुमसे कहा था, ''ये तो बिलकुल अंग्रेज़ों के ज़माने की इमारत लगती है।''

तुम्हारी हँसी इतनी ज़ोर से छूटी कि एक ही बार में कई रिश्तेदारों को पता चल गया कि मैं पहुँच गया हूँ।

महफ़िल के माहौल को शादीनुमा कहना शायद सही नहीं होगा। लोग छोटी-छोटी टेबलों के इर्द-गिर्द बैठे हुए थे। पहली नज़र में सियासी जलसे का धोखा होता था। धुआँधार तक़रीरें हो रही थीं अंग्रेज़ी में। दूल्हे और दुल्हन की अब तक की ज़िन्दगी के कारनामों को गिनाया जा रहा था। निकाह मेरे आने से पहले हो चुका था। ज़ाहिर था कि लड़की को रस्मी तौर पर मुसलमान भी किया जा चुका था क्योंकि कुछ तक़रीरों में उसे अमीना और कुछ में अमेंडा कहा जा रहा था।

''नाऊ आई वुड रिक्वेस्ट मौलाना करीमुद्दीन ख़ान ऑफ़ रीजेंट्स पार्क मॉस्क टु डेलीवर दि ख़ुतबा।''

चचा के इस एलान के बाद महफ़िल संजीदा हो गई। मौलाना साहब ने अंग्रेज़ी में एक लम्बी तक़रीर की...इतनी लम्बी कि लोगों के चेहरों पर मायूसी-सी छा गई।

मैंने तुम्हारे कान में फुसफुसाकर कहा, ''प्रेस कान्फ्रेंस में कभी किसी बोर नेता से वास्ता पड़ता है तो ऐसा ही लगता है कि ज़िन्दगी बेमानी, वीरान-सी हो गई है। दिल कहता है, ख़ुदा इससे बचा ले, आगे कभी कोई

ग़लत काम नहीं करूँगा। इस बार बचा ले, चादर चढ़ाऊँगा।''

''या सवा पाउंड का प्रसाद,'' तुमने हँसी रोककर कहा।

''...ख़ुदा नए जोड़े को अपनी अमान में रखे। शरीयत के दायरे में रखे। नेकी की राह पर रखे। बदी से दूर रखे। अल्लाह! ये ख़ुशनसीब जोड़ा नई ज़िन्दगी शुरू कर रहा है। इसे हर तरह की नेमतों से नवाज़। अल्ला इनकी ज़िन्दगी को ख़ुशियों से भर दे। आमीन!''

टेबल-टेबल से आमीन की आवाज़ उठी। आवाज़ में ख़ुशी भी थी, राहत भी। लोगों की नज़र डाइनिंग हॉल की तरफ़ उठी कि अब बुलावा आया। लेकिन अभी सब्र का इम्तिहान बाक़ी था। मौलाना साहब ने एक गिलास पानी पीकर जेब से एक और काग़ज़ निकाला।

''अक्सर जलसों में शिकायत होती है ख़ासतौर पर नौजवानों की तरफ़ से कि उर्दू ज़बान मुश्किल से समझ में आती है...लिहाज़ा अंग्रेज़ी में।''

चेहरों पर से रौनक़ और उम्मीद एकाएक बुझ गई। लोग मायूस होकर रह गए।

''ब्रदर्ज़ एंड सिस्टर्ज़ इन इस्लाम...''

हम चुपचाप उठकर बाहर बालकनी में गए। चाँद खिला हुआ था।

''क्या औरत और मर्द का हक़ शरीयत के दायरे में बाँधा जा सकता है?'' मैंने आहिस्ता से पूछा।

''क्या कोई भी क़ानून, किसी भी दौर में, कोई भी दायरा बना पाया जो ये तय कर सके कि औरत मर्द का एक-दूसरे पर अधिकार क्या है?'' तुम्हारे सवाल में जवाब था।

''आई वुड रिक्वेस्ट माई कज़न कबीर टु कम एंड इंट्रोड्यूस हिमसेल्फ़...'' अन्दर से आवाज़ आई।

इसकी मुझे क़तई उम्मीद नहीं थी कि बोलने के लिए बुलाया जाएगा। घबराकर मैं अन्दर हॉल में चचा की टेबल की तरफ़ बढ़ा।

वो लपककर खड़े हुए और मेरी पीठ थपथपाकर बोले, ''ख़ाली अपने को इंट्रोड्यूस कर दो।''

मैं निढ़ाल क़दमों से स्टेज पर आ पहुँचा।

''मैं...मेरा नाम कबीर है, यहाँ लन्दन में बी.बी.सी. में हूँ। मेरे ख़ानदान

की एक शाख़ यहाँ लन्दन में भी है, ये हमें मालूम तो था लेकिन इतने लोग हैं, ये नहीं मालूम था। जब से लन्दन आया हूँ ये जानने की ख़्वाहिश है कि एक ही ख़ानदान की दो शाख़ें कितनी बदल जाती हैं। मेरी जेनरेशन के जो लोग यहाँ हैं वो अब शायद मेरी ज़बान नहीं समझेंगे। लन्दन वालों की ज़बान, तौर तरीक़े, शादी ब्याह काफ़ी अलग हैं। लेकिन सोचिए तो अलग होकर भी अलग नहीं है। जब आपके हमारे अजदाद मशहद से चलकर हिन्दुस्तान चले आए...मेरी मालूमात के मुताबिक़ अकेले ही आए और यहीं... यहीं से मतलब हिन्दुस्तान में...शादी ब्याह किया...एक नई नस्ल पैदा हुई। आप और हम उसी की शाख़ हैं। तो आप लोगों का लन्दन आना...यहाँ बस जाना...यहीं शादी करना...ये तो इसी रवायत का हिस्सा है जो पुराने वक़्तों से चली आती है...सिवाए इसके कि मेरे कुछ कज़ेंस में तो औरतों से शादी का रिवाज ही उठ चला है।''

अभी मैं कुछ और कहता कि मेरे चचा ने उठकर मेरी पीठ थपथपाई।

''मेनी थैंक्स,'' चचा ने सबकी तरफ़ मुख़ातिब होकर कहा, ''थैंक यू कबीर।''

वापसी में 'ट्यूब' में तुम मेरी बात को याद करके हँस-हँस के गिरी जा रही थीं और मैं शर्म से लाल हो रहा था।

''आख़िर इसमें हँसने की बात क्या है?'' मैंने कहा।

''तुमने तो अपने रिश्तेदारों को स्कैंडेलाइज़ ही कर दिया।''

''कैसे?'' मैंने पूछा।

''किस हिन्दुस्तानी से कोई एन.आर.आई. ये सुनना चाहेगा कि उसके लड़के होमोसेक्शुअल हैं।''

''अब भई क्या करूँ! बचपन से स्टेजफ़्राइट का मारा हुआ हूँ। ज़बान पर दिल की बात आ गई। और कुछ ग़लत भी तो नहीं कहा।''

''क्या ग़लत नहीं कहा?''

''यही कि मशहद से हिन्दुस्तान और वहाँ से इंग्लिस्तान...सफ़र का ये सिलसिला तो हमेशा जारी है।''

''जब तुम्हारे पूर्वज ईरान से हिन्दुस्तान उतरे होंगे...सोचो एक अकेला इन्सान पानी पीने के लिए कहीं रुका होगा किसी नदी के किनारे। उसकी

मुलाक़ात उस औरत से हुई होगी जिससे तुम्हारे ख़ानदान का सिलसिला शुरू हुआ।''

तुम चुप हो गईं। शायद कुछ सोचने लगीं।

''लन्दन में वॉशिंग मशीन के किनारे की मुलाक़ात और उस मुलाक़ात में कोई फ़र्क़ है क्या?'' मैंने पूछा।

इस सवाल को शायद जवाब की ज़रूरत नहीं थी। हम दोनों चुप हो गए। वॉरेन स्ट्रीट का स्टेशन आया तो हम दोनों हाथ पकड़े-पकड़े उतर गए।

8

शाम की महफ़िलों में अक्सर हमारी बातें 'कही' की मंज़िल पार करके 'बेकही' तक पहुँच जातीं। इस हद तक कि कही हुई बात से ज़्यादा ध्यान हम लोग 'बेकही' बात पर देने लगे थे। इसकी शुरुआत भी तुमसे ही हुई थी...लेकिन तुम्हारी ग़ैरमौजूदगी में।

तुम वाई.एम.सी.ए. आ चुकी थीं लेकिन हमारी महफ़िलों में तुम्हारा उठना-बैठना अभी शुरू नहीं हुआ था। मैं, प्रोफ़ेसर, मौलाना और शायर ख़ाली शाम गुज़ार रहे थे कि मेरे मोबाइल फ़ोन की घंटी बजी। उठाया तो कट गया।

"क्या हुआ? हमारी वजह से काट दिया?" प्रोफ़ेसर ने कहा।

"नहीं," मैंने कहा, "ब्लैंक कॉल थी।"

"आप कहें तो हम उठकर चले जाएँ। तनहाई में शायद ये कॉल ब्लैंक न रहे," शायर ने कहा।

"अरे कुछ नहीं। उधर से कुछ कहा ही नहीं किसी ने।"

"कोई 'बेकही' बात होगी," शायर ने कहा।

"कोई आप तक पहुँचने की कोशिश कर रहा है," प्रोफ़ेसर ने कहा।

"तो बात क्यूँ नहीं करता?" मैंने पूछा।

"करती," शायर ने कहा।

"आप को कैसे मालूम कि ये करती है," मैंने पूछा।

''मौत भी इसलिए गवारा है,
मौत आता नहीं, आती है।''

जब ठहाका थमा तो मैंने पूछा, ''ये मौत थी?''

''ज़िन्दगी भी हो सकती है,'' प्रोफ़ेसर ने कहा।

''तो ज़िन्दगी दस्तक देकर लौट क्यूँ जाती है,'' मैंने पूछा।

''क्योंकि इस दस्तक का जवाब आप ख़ामोशी से दे रहे हैं,'' प्रोफ़ेसर ने कहा।

''ख़ामोशी का तो नाम होता है,'' शायर ने कहा।

''वरना यूँ भी कलाम होता है,'' मैंने पूरा किया।

''आज हम चारों के अलावा असरारुल हक़ मजाज़ की रूह भी हमारे बीच है,'' प्रोफ़ेसर ने कहा।

''और वो रूह भी जिसने कॉल किया था,'' मैंने कहा।

''क्या ऐसी रूहें आपको अक्सर सताया करती हैं?'' प्रोफ़ेसर ने पूछा।

''जी हाँ, दिन में दो-चार बार तो इस तरह का फ़ोन आ ही जाता है।''

''आपके मोबाइल पर तो नम्बर आ गया होगा...मिलाकर देखिए।''

''एक मोबाइल से ही आया है...जब मिलाता हूँ, कोई काट देता है उस तरफ़ से।''

''कोई कुछ कह रहा है आपसे,'' शायर ने कहा।

''दूसरा मिसरा?''

''नहीं, सिर्फ़ कह रहा हूँ कि कोई कुछ कह रहा है आपसे,'' शायर ने कहा।

''तो सुनाई क्यूँ नहीं देता?'' मैंने पूछा।

''सही वेवलेंथ पर ट्यून कीजिए,'' प्रोफ़ेसर ने कहा।

''कोशिश कर रहा हूँ...हो नहीं पा रहा है।''

''मौसम ख़राब है शायद,'' प्रोफ़ेसर ने बाहर देखते हुए कहा।

''कब से हो रहा है ये?'' मौलाना ने पूछा।

''बस यही कुछ दिन से,'' मैंने कहा और कहकर दिल-ही-दिल में चौंक गया।

''अपने मोबाइल से मत मिलाओ। लो वाई.एम.सी.ए. के फ़ोन से

मिलाओ...शायद उठा लें।'' प्रोफ़ेसर ने कहा।

''अरे जाने दीजिए, क्या रखा है,'' मैं टाल गया।

बात में ठहराव आ गया। शाम रात में तब्दील हो गई तो एक-एक करके सब रुख़सत हुए। मैंने डरते-डरते नम्बर मिलाया।

''हैलो,'' उस तरफ़ तुम थीं।

''ये तुम्हारा नम्बर है?'' मैंने कहा।

ख़ामोशी।

''बताया क्यूँ नहीं?''

ख़ामोशी।

''ऐसे फ़ोन करने का फ़ायदा ही क्या कि बात न हो पाए।''

''बस पता चल जाता था कि आप कहाँ हैं...''

''बस इतना ही?''

''हाँ।''

''और कैसा हूँ...ये भी?''

''हाँ।''

''तो बात भी कर लेतीं?''

ख़ामोशी।

''इतने दिन सस्पेंस में रखा,'' मैंने कहा।

''मुझे लगा कि आप समझ ही लेंगे।''

''क्या कि आपका फ़ोन है?''

ख़ामोशी।

''या कि आप कुछ कहना चाह रही हैं?''

''दोनों,'' तुमने कहा।

अब मैं ख़ामोश हो गया।

ख़ामोशी टूटी तो मैंने कहा, ''अगर जवाब में मैं भी एक ब्लैंक कॉल कर देता तो?''

''वो ब्लैंक कॉल होती ही नहीं।''

''क्यूँ?''

''वो तो आपका जवाब होता,'' तुमने कहा।

“और फिर आप उसका जवाब देतीं,” मैंने कहा।

“बिलकुल।”

“तो बाक़ायदा गुफ़्तगू होती?”

“हाँ।”

“तो बात ही कर लेतीं,” मैंने कहा।

“उसमें वो बात नहीं,” तुमने कहा।

“क्यूँ?”

“जो बात कही नहीं उसकी बात ही कुछ और है...कहने से बात की ऊर्जा कम हो जाती है।”

मैं ख़ामोश हो गया तो चन्द सेकेंड के बाद उधर से आवाज़ आई।

“हैलो...क्या हुआ?”

“कुछ नहीं।”

“ख़ामोश क्यूँ हो गए।”

“ख़ामोश कहाँ हुआ। मैं तो कह रहा था।”

अब तुम्हारी तरफ़ से ख़ामोशी थी।

“लेकिन इस ख़ामोश बातचीत के लिए ब्रिटिश टेलीकॉम का सहारा लिया जाए, ये ज़रूरी तो नहीं,” मैंने कहा, “और जब दुनियावी आले का इस्तेमाल हो ही रहा है तो लिफ़्ट से ऊपर ही आ जाओ।”

“आ चुकी।”

तुम मोबाइल कान में लगाए कमरे में दाख़िल हो गईं।

9

"पहले-पहल तुम्हें कैसी लगी थी ब्लैंक कॉल?" तुमने पूछा।

"कैसी क्या...सोचा कोई आतंकवादी है जो डरा रहा है," मैंने कहा।

"क्या आप मुझे आतंकवादी समझते हैं?"

"समझता हूँ?" मैंने मुस्कुराकर कहा।

"आप तो मुझसे भी बड़े आतंकवादी हैं?" तुमने कहा।

"कैसे?"

"आप जानते हैं...कैसे।"

"नहीं जानता।"

"जानते हैं," तुमने कहा।

"तुम जानती हो कि मैं जानता हूँ तो फिर क्यूँ सुनना चाहती हो।" मेरी हँसी छूट गई।

"नहीं हमें सुनना है," तुमने ज़िद्द की।

"आप समझती हैं कि मैं यूँ ही क़त्ल कर सकता हूँ...सिर्फ़ देखकर," मैंने कहा।

तुम ख़ामोश।

"क्या मैंने जो समझा वो आपकी समझ से कुछ अलग है?"

"बिलकुल भी नहीं," तुमने कहा।

थोड़ा रुककर तुम बोलीं, "तो आप अक्सर क़त्ल करते हैं?"

"क़त्ल करता नहीं हूँ...क़त्ल हो जाता है," मैंने कहा।

"तो इसकी तो सज़ा होती है।"

"लेकिन सज़ा तय करते वक़्त इस बात का ख़याल रखा जाए कि क़त्ल जान-बूझकर नहीं किया गया," मैंने कहा।

"जो भी हो कड़ी सज़ा होती है।"

"जो आप तय करें," मैंने कहा।

"मैं क्यूँ," तुमने पूछा।

"प्राचीन सभ्यताओं में यही होता था...सज़ा वो तय करता था जिसे चोट पहुँची," मैंने कहा।

"तो ये तो मुझे उन लोगों से पूछना पड़ेगा जो क़त्ल हुए हैं कि वो क्या सज़ा देना चाहेंगे।"

"आपके लिए उनको समझना ज़रा भी मुश्किल नहीं," मैंने कहा।

"क्यूँ?"

"बस सोचिए ज़रा," मैंने कहा।

"आप भी तो सोच सकते हैं कि क्या सज़ा हो सकती है।"

"मैं कैसे सोच सकता हूँ," मैंने कहा।

"क्यूँ?"

"जो क़त्ल हुआ है वही सोच सकता है।"

"तो आप क़त्ल नहीं हुए?"

"कोई आदमी क़ातिल और मक़तूल दोनों कैसे हो सकता है।"

तुम्हारी हँसी छूट गई।

"आप सच कह रहे हैं कि आप क़त्ल नहीं हुए?"

"नहीं।"

"कभी नहीं?"

"कभी नहीं।"

"आप झूठ बोल रहे हैं।"

"तो मैं झूठा हूँ?"

"हमने ये नहीं कहा लेकिन ये सही नहीं कि आप क़त्ल नहीं हुए। आप क़ातिल भी हैं, मक़तूल भी," तुमने कहा।

''आप मुझसे बेहतर जानती हैं?'' मैंने कहा।

''ऐसा ही समझिए,'' तुमने कहा।

''कैसे?''

तुम ख़ामोश।

''जो भी हो,'' मैंने ख़ामोशी तोड़ते हुए कहा, ''आज सज़ा तय कीजिए।''

''उन सबसे पूछना पड़ेगा ना जो क़त्ल हुए हैं,'' तुमने कहा।

''पूछना क्या है...उनका हाले-दिल आपको मालूम ही है।''

''कैसे?'' तुमने पूछा।

मैं ख़ामोश हो गया।

''अच्छा चलिए माफ़ किया,'' तुमने कहा।

''पकड़ लिया ना,'' मैंने चमककर कहा।

''कैसे?'' तुमने पूछा।

''माफ़ करने का हक़ आपको किसने दिया? हैं ना आप मक़तूल?'' मैंने कहा।

''और आप जो माफ़ होने को तैयार बैठे हैं...हैं ना क़ातिल?'' तुमने कहा।

''ये क़ातिल और मक़तूल एक साथ क्या कर रहे हैं?''

शायर ने कमरे में दाख़िल होते हुए कहा। उनके साथ प्रोफ़ेसर भी थे।

''भई आशिक़-माशूक़ सुना था लेकिन क़ातिल-मक़तूल का रिश्ता पहले नहीं सुना,'' प्रोफ़ेसर ने कहा।

''सबसे ज़िन्दा रिश्ता है,'' तुमने कहा और कमरे से बाहर निकल गईं।

मैं रह गया प्रोफ़ेसर और शायर की निगाहों को झेलने के लिए।

10

हममें से एकाध को छोड़कर किसी का भी लन्दन में कोई अपना नहीं था। इसलिए दिन-भर की थकान के बाद शाम हम सब एक साथ गुज़ारते और बात से बात मिलाते। जल्द ही तुम प्रोफ़ेसर से भी काफ़ी घुलमिल गईं। तुमने उन्हें एक बुज़ुर्ग का दर्जा दे दिया था जो शायद उन्हें बुरा लगता था। लेकिन तो क्या। मुझे और तुम्हें यही सही लगता था और प्रोफ़ेसर भी शायद अब समझने लगे थे कि मुझमें और तुममें 'कुछ' था लेकिन इस 'कुछ' की गहराई का उन्हें अन्दाज़ा नहीं था। न ही हमने कभी उन्हें इसका अन्दाज़ा लगने दिया। इस बारे में वो हमेशा हवा में झूलते रहे और अन्दाज़ा लगाते रहे।

उस दिन तुम कमरे में दाखिल हुईं तो मैंने मुस्कुरा के पूछा, "पनघट से आ रही हो?"

तुमने हाँ में सिर हिलाया तो प्रोफ़ेसर ने लपककर पूछा, "यहाँ लन्दन में पनघट?"

"है ना," तुमने कहा।

"अच्छा! हमने तो नहीं देखा," प्रोफ़ेसर बोले।

"चलिए दिखाएँगे कभी," मैंने कहा।

पनघट हम दोनों के बीच का एक 'कोड वर्ड' बन गया था। वाई.एम.सी.ए. की लौंड्री मेरे ही गलियारे में थी और मैं दरवाज़ा खोले इन्तज़ार करता कि कब तुम इस रास्ते से गुज़रो और मैं तुम्हारे पीछे-पीछे

चला आऊँ।

तब एक दिन तुमने हँसकर कहा था, "तुम तो ऐसे ताकते हो जैसे कभी लड़के पनघट जाती लड़कियों को ताका करते थे।"

"लन्दन का पनघट तो यही है," मैंने कहा था, "मैं तो इसी पनघट पर तुम्हारे क़रीब आया।"

ख़ैर बात उस दिन ई.एस.पी. यानी 'एक्सट्रा सेंसरी परसेप्शन' पर हो रही थी इसलिए प्रोफ़ेसर ने पनघट पर ज़्यादा जिरह नहीं की। तुम चुपचाप आकर कुर्सी पर बैठ गईं और हम दोनों की बातों को सुनती रहीं।

प्रोफ़ेसर कह रहे थे, "आप मेरे सामने बैठे हैं और हम दोनों की ज़बान पर एकाएक एक ही नाम आ जाए..."

"कल्पना," मैंने कहा।

"कोई भी मान लो," प्रोफ़ेसर ने झेंपते हुए कहा, "इसे आप क्या कहेंगे?"

"इत्तिफ़ाक़," मैंने सिर्फ़ ज़बान लड़ाने के लिए कह दिया।

"मैं कहूँगा कि ये ई.एस.पी. है," प्रोफ़ेसर ने कहा।

"हम एक बात कहें?" तुमने आहिस्ता से कहा।

"आप तो बिना कहे भी कह जाती हैं," प्रोफ़ेसर ने 'फ़्लर्ट' करना शुरू कर दिया।

"क्या?" घबराकर तुम्हारी ज़बान से निकला।

याद है कि तुम्हारा चेहरा और भी ज़्यादा गुलाबी हो गया और शाम के डूबते हुए सूरज की तरह लगने लगा।

"मेरा मतलब कि आप जो बातें कहती हैं उससे कहीं ज़्यादा अहम वो बातें हैं जो आप कहती नहीं हैं। आप..."

प्रोफ़ेसर को लगाम देना बहुत जरूरी था इसलिए गला खखारकर मैंने कहा, "यार प्रोफ़ेसर जो बात कही नहीं जाती वो सिर्फ़ वही समझता है जो समझ सकता है। नासिर काज़मी ने कहा कि जिसके अन्दर नदी है वही बाहर की नदी की ख़ूबसूरती को देख सकता है। तो जो बात कही नहीं जाती वो वही बात होती है जो सिर्फ़ किसी ख़ास के लिए होती है और ऐसी बात को कहने का मतलब क्या?"

"क्यूँ, मतलब क्यूँ नहीं उस बात को कहने का?" तुमने पूछा था।

"वो यूँ नहीं कि जिसके लिए वो बात है, वो तो सुन ही लेगा क्योंकि आपने तो वो बात बिना कहे कह दी है उसे। और बाक़ी लोगों के लिए वो बात है ही नहीं। तो इसलिए उनका सुनना बेकार है।"

मेरी इस बात पर तुमने मुझे ग़ौर से देखते हुए कहा था, "क्या सचमुच जो बात दिल में किसी के लिए है वो उस तक पहुँच जाती है?"

"मैं तो मानता हूँ कि पहुँच जाती है और अगर ना पहुँचे तो फिर उसका कहना बेकार है। जो तुम्हारी ख़ामोशी को नहीं समझ सकता वो तुम्हारी ज़बान को क्या समझेगा!"

"यानी?" तुमने पूछा।

"यानी ये कि जिसके अन्दर तुम्हारे लिए कुछ है वो उस बात को समझ लेगा जो तुम्हारे दिल में उसके लिए है। अलफाज़ तो बहुत मामूली हैं। कभी भी पूरी तरह दिल की बात नहीं कह पाते।"

तब प्रोफ़ेसर ने कहा था, "इस तरह से एक 'बेकही' बात, कही हुई बात से ज़्यादा ख़ूबसूरत होती है।"

मैंने बात मोड़ने के लिए कहा, "कल्पना, ये कही और बेकही को छोड़ो, बताओ कि क्या पूछ रही थीं?"

"कुछ नहीं।"

"क्यूँ? कहना नहीं चाहतीं?" मैंने पूछा।

"क्या आप बेकही बात को समझ नहीं सकते?"

मैं सोच में डूब गया। हम लोगों की बातचीत में ये अक्सर होता था। तूफ़ानी बातचीत के बाद एकाएक सन्नाटा छा जाया करता था।

प्रोफ़ेसर ने बीच में कूदते हुए कहा, "कबीरा अगर तू इनके दिल की बात को समझता है तो बता ये क्या पूछना चाह रही हैं?"

"बता दूँ?"

मैंने तुमसे पूछा। लेकिन तुम ख़ामोश रहीं।

"तुम कहना चाह रही हो कि ये क्यूँ होता है कि हम जिनके क़रीब आना चाहते हैं वो हमसे दूर हो जाते हैं।"

पता नहीं ये बात ज़बान पर कहाँ से, दिल के किस कोने से आई।

लेकिन ऐसे आई कि मैं भी चौंक गया। तुम फिर लाल हो गईं और ख़ामोशी से नीचे की तरफ़ देखने लगीं। मैं खिड़की से बाहर डूबते सूरज को, ढलती शाम को देखने लगा। मैं जानता था कि सचमुच मैंने 'बेकही' बात कह दी।

"ये तो हज़ारों साल की कहानी है," प्रोफ़ेसर की आवाज़ से हम दोनों फिर से होश में आ गए।

"ये तो हज़ार साल की कहानी है," वो कह रहे थे, "अलग-अलग तरह से कही गई, अलग-अलग लोगों के बारे में, अलग-अलग दौर में। लेकिन है वही एक कहानी।"

उस दिन शायर ने जो सुनाया वो आज भी कान में गूँज रहा है–

"एक ही आग में ताउम्र जले हम दोनों
ज़मीं पे हम न मिले आसमाँ पे तू न मिला।"

"ज़मीं पे हम न मिले आसमाँ पे तू न मिला," प्रोफ़ेसर ने दोहराया, "वाह, क्या ख़ूब कहा है।"

तब मैंने कहा था, "इन्सान कितना अकेला होता है। आरामकुर्सी पर बैठकर खिड़की की मुंडेर पर पाँव रखकर आसमान देखता हूँ और सोचता हूँ कि क्या वो सभी लोग आसमान को देख रहे होंगे जिन्हें मैं चाहता हूँ।"

तुमने शरारत से आसमान को देखना शुरू कर दिया। आसमान रंग बदल रहा था और शाम रात में तब्दील होने को थी।

11

“लन्दन में रूहें नहीं होतीं क्या?” मैंने एक दिन छेड़ने के इरादे से पूछा था।

“क्यूँ नहीं होतीं,” तुमने कहा।

“नज़र नहीं आईं,” मैंने कहा।

“वो रूहें ही क्या जो नज़र आ जाएँ,” तुमने कहा।

“फिर भी...”

“फिर भी क्या?”

“यही कि यहाँ रूहों के लिए वक़्त किसके पास है,” मैंने कहा।

“तो इसका ये मतलब तो नहीं कि वो होती ही नहीं यहाँ,” तुमने कहा।

“तो कभी मिलाइए ना,” मैंने कहा।

“किसकी रूह से मिलना चाहेंगे,” तुमने पूछा।

“क्या रूहों की भी अपनी आइडेंटिटी होती है,” मैंने पूछा।

“क्यूँ आप समझ रहे थे कि रूहें एक-सी होती हैं?”

“नहीं...यहाँ लन्दन में जैसे लोग एक-से होते हैं तो मैंने सोचा रूहें भी वैसी ही होंगी,” मैंने कहा।

“ये कैसे?”

“जैसे यहाँ हर इन्सान जैकेट पोटेटो खाता है और मिलने पर मौसम की बात करता है...इस हद तक कि हर इन्सान से एक ही तरह की बातें

हो सकती हैं,'' मैंने कहा।

''अभी मास कल्चर रूहों पर हावी नहीं हुआ,'' तुमने कहा था, ''अभी उनकी अपनी-अपनी आइडेंटिटी बरक़रार है।''

''चलिए मान लिया,'' मैंने कहा, ''अपनी पसन्दीदा रूह से मिलवा दीजिए।''

''आईना देख लीजिए,'' तुमने मुस्कुराकर कहा।

''लेकिन ये तो जिस्म है, रूह नहीं।''

''जिस्म में रूह भी तो है,'' तुमने कहा।

''नहीं प्योर रूह से मिलवाइए,'' मैंने कहा।

''ये क्या होती है?''

''वही जो जिस्म में बँधी हुई ना हो।''

''उससे क्या होगा?''

''वो कहीं भी जा सकती है...किसी के पास भी।''

''किसके पास जाना चाहती है ये रूह...ज़रा बताइए,'' तुमने चमककर पूछा।

''नहीं कभी भी कहीं भी जा सकती है रूह अगर जिस्म से आज़ाद हो जाए तो,'' मैंने कहा।

''लेकिन ये ख़्वाहिश क्यूँ?'' तुमने पूछा।

''बस अब बँधके रहने का जी नहीं करता।''

''क्यूँ क्या तकलीफ़ है?''

''नहीं...रूह नाहक़ परेशान होती है शरीर के कारण।''

''कैसे?''

''सारी ख़्वाहिश, तमन्ना, आशा और निराशा...सब जुड़ा है शरीर से, रूह छटपटाती रहती है इसके अन्दर।''

''ये आप बोल रहे हैं?''

''क्यूँ?''

''आप तो रूह से ऊपर हैं?''

''मैं रूह से ऊपर कैसे हो सकता हूँ?''

''क्यूँ?''

"मैं तो ख़ुद एक रूह हूँ।"

"बड़ा अफसोस है आपकी रूह पर।"

ये आवाज़ प्रोफ़ेसर की थी। मैंने चौंककर पीछे देखा तो वो दरवाज़े पर खड़े थे।

"अफ़सोस किस बात का?" मैंने पूछा।

"क्या ठिकाना मिला है...छटपटाना वाजिब है," प्रोफ़ेसर ने कहा।

"ये तो चार दिन की बात है," मैंने कहा।

"अरे किराए का मकान भी हो तो क़ायदे का हो...कोई भी रूह ख़ुदकुशी पर आमादा हो जाए," प्रोफ़ेसर ने कहा।

"रूहें ख़ुदकुशी नहीं किया करतीं," मैंने कहा।

"तो वो क्या करती हैं?"

"वो भटकती रहती हैं," मैंने कहा।

"फिर क्या करती हैं?"

"रूहें रूहों को तलाशती हैं," ये तुम थीं।

"या रूहें जिस्मों को?" मैंने कहा।

"फिर उतार दिया बात को ज़मीन पर," प्रोफ़ेसर ने कहा।

"वो रूहें ही होती हैं रूहों को ढूँढ़ती हुईं," तुमने मेरी बात का जवाब दिया।

"यानी जिस्म के पास ऑप्शन ही क्या है सिवाए इसके कि उधर जाएँ जिधर रूहें ले जा रही हैं," प्रोफ़ेसर ने कहा।

"तो क्या कमरे में इस वक़्त तीन रूहें मौजूद हैं?" मैंने पूछा।

"डराओ मत," प्रोफ़ेसर ने कहा।

"डरिए नहीं। ये तीनों अपने-अपने जिस्म में हैं," मैंने कहा।

"जिस्म में ही रहें, जिस्म में ही रहें," प्रोफ़ेसर ने दुआ देने के अन्दाज़ में कहा।

"आपको डर लग रहा है कि ये जिस्म से बाहर आ जाएँगी?" मैंने पूछा।

"जी नहीं। डर लग रहा है कि ये जाने जिस्म को कहाँ-कहाँ ले जाएँगी," प्रोफ़ेसर ने हम दोनों की तरफ़ देखकर कहा।

12

हमारा पनघट पर मिलने का सिलसिला लगातार जारी रहा। इसकी एक बड़ी वजह ये थी कि यहाँ हमें कोई परेशान नहीं करता था। लौंड्री में एक वॉशिंग मशीन थी और एक ड्रायर, दोनों में कपड़े डालकर हम वहीं बैठ जाते। कोई आकर झाँकता भी तो मशीन ख़ाली न पाकर लौट जाता और हम गप करते रहते। लेकिन छोटे-से वाई.एम.सी.ए. में ये जगह भी कब तक छिपती। पकड़े गए एक दिन।

उस दिन पनघट पर ख़ामोशी थी। शाम हो रही थी और दोनों मशीनें चल रही थीं। हम दोनों खिड़की से बाहर देख रहे थे कि तभी पीछे से आवाज़ आई, "सोचता हूँ, क्या वो सभी लोग आसमान को देख रहे होंगे जिन्हें मैं चाहता हूँ।"

ये प्रोफ़ेसर की आवाज थी। मुड़ के देखा तो प्रोफ़ेसर, मौलाना और शायर मुस्कुरा रहे थे और जाने कितनी देर से तमाशबीन की तरह खड़े थे।

"क़रीबी लोगों की याद तो आती ही है परदेस में," मैंने कहा।

"सोचो तो क़रीब और दूर सब रिलेटिव हैं। किसी को छू सकें...क्या क़रीब होने की बस इतनी ही निशानी है। किसी को छू न सकें तो क्या वो आपसे दूर है," प्रोफ़ेसर बोले।

"क्या आप ज़रूरत से ज़्यादा रोमेंटिसाइज़ नहीं कर रहे हैं?" मैंने बात बनाने के लिए कहा।

इससे पहले कि प्रोफ़ेसर कुछ कहते, तुमने कहा, ''ऐसे इन्सानी रिश्तों में ज़रूरत से ज़्यादा या ज़रूरत से कम कुछ नहीं होता। जितना होता है, होता है। वही होता है बस और कुछ नहीं होता।''

''वाह-वाह! सब होते-होते होता है। क्या बात है!'' शायर मज़ाक़ के मूड में आ गया।

तुम्हारी तरफ़दारी करते हुए मैंने कहा, ''देखिए जज़्बात का मज़ाक़ उड़ाकर आप हिस्ट्री की रौंग साइड पर आ गए हैं। आपका नाम या तो लिया नहीं जाएगा या फिर उन विलेंस के साथ लिया जाएगा जो हीर-राँझा, लैला-मजनूँ के बीच दीवार बनकर खड़े हो गए थे।''

मेरी इस बात पर तुमने धीमे से कहा था, ''ये तो इन्सानी रिश्ते हैं जो हर दौर में होते हैं हर जगह पर।''

''यानी हर पोर्ट?'' ये शायर था।

''बेवक़ूफ़! सेलर की बात नहीं हो रही है,'' मैंने झल्लाकर कहा था, ''कहा ये जा रहा है कि अगर ये रिश्ता एक इन्सानी ज़रूरत न होती तो फिर ये क्यूँ होता कि यूरोप में रोमियो-जूलियट की कहानी कही जाती, हिन्दुस्तान में सोहनी-महिवाल की। इन कहानियों के बीच सदियों का फ़ासला भी है और मुल्कों का भी। फिर भी एक-सी हैं।''

''तो क्या नाकामी होती ही है?'' तुमने मुझसे नज़र चुराते हुए पूछा था।

''फिर वही बात,'' प्रोफ़ेसर ने कहा था, ''कामयाबी और नाकामी सब रिलेटिव है।''

''मन के हारे हार है, मन के जीते जीत।''

''ख़ुश रहे कबीरा,'' प्रोफ़ेसर ने मेरी पीठ ठोंकी।

''लेकिन ये क्यूँ होता है कि जिनके पास आना चाहते हैं उनसे दूर हो जाते हैं और जिनसे दूर जाना चाहते हैं उनके पास हो जाते हैं।'' तुम्हारी आवाज़ अब खोई-खोई थी।

''इसे यूँ सोचो। जिनके पास तुम होना चाहती हो वो हमेशा दूर ही होते हैं। और क्यूँ कि दूर होते हैं तो तुम उनके पास आना चाहती हो।''

प्रोफ़ेसर की घुमावदार बात से मैं और तुम दोनों ही चकरा गए थे।

हम दोनों के मुँह से एक साथ निकला, "यानी?"

"यानी कि ये कहना ग़लत है कि तुम जिनके पास होना चाहती हो, हो नहीं पातीं और जिनके पास होना नहीं चाहतीं, उनके पास होती हो।"

"तो?" मैं अब भी नहीं समझा।

"है यूँ कि जो तुम्हारे पास आ जाता है उसे तुम पास रखना नहीं चाहोगी और जो दूर है उसे पास रखना चाहोगी। कहने का मतलब ये कि इन्सान अच्छा-बुरा नहीं होता। दूरी और नज़दीकी हमें मौक़ा देती है पसन्द-नापसन्द का।"

प्रोफ़ेसर की इस बात पर तुमने चमककर कहा था, "क्या बेकार बात है! क्या मेरी नज़र कोई मायने नहीं रखती?"

"नज़र वही दिखा सकती है जो तुम देखना चाहोगी," प्रोफ़ेसर ने प्रोफ़ेसर वाले अन्दाज़ में धुआँ उड़ाते हुए कहा था।

"मैं तो वही देखूँगी जो देखना चाहूँगी।"

"हम दोनों ये खेल खेलते रहेंगे और बात किसी नतीजे पर नहीं पहुँचेगी। लेकिन इतना समझ लो कि जो तुम देख रही हो ये वो नहीं है जो तुम कल देख रही थीं। कितने फ़ासले से देख रही हो और किन हालात में देख रही हो, ये बात कहीं ज़्यादा मायने रखती है।"

"तो क्या जिस चीज़ को, यानी कि जिस इन्सान को देखा जा रहा है उसकी अपनी कोई अहमियत नहीं? सिर्फ़ लेंस और माहौल सब कुछ है?" मैंने प्रोफ़ेसर की बात को काटा था।

अपनी बात पर अड़े रहते हुए प्रोफ़ेसर ने कहा था, "हाँ, लौंग शॉट में या फ़्लैश बैक में कई चीजें अच्छी लगती हैं। इसे इस तरह से समझिए... इन्सान की शक्ल हज़ार साल में नहीं बदलती, लेकिन उसे देखने के तरीक़े बदल जाते हैं। मुग़ल मिनिएचर में कुछ और, अजन्ता में कुछ और।"

"क्या आप अपनी बात सीधे-सीधे बिना लाग-लपेट के कह सकते हैं?" मैंने कहा।

"इन्सान की शक्ल अच्छी-बुरी नहीं होती। बल्कि मैं तो कहूँगा कि उसका चरित्र भी अच्छा-बुरा नहीं होता। उसे देखने वाले का नज़रिया अच्छा-बुरा होता है।"

फिर तुम्हारी तरफ़ मुड़ते हुए प्रोफ़ेसर ने कहा था, ''यह मसला समझो टाइम एंड स्पेस का है। जो आपको पसन्द आ रहा है वो जब क़रीब आ जाएगा तो अच्छा न लगेगा।''

''ऐसा तो नहीं है,'' तुमने बिलकुल रूठने वाले अन्दाज़ में कहा था।

''ऐसा है। इसीलिए तो लैला-मजनूँ की शादी नहीं हुई और ये अच्छा हुआ कि वो गुज़र गए दुनिया से।''

''यही प्रॉब्लम है इस सोसाइटी की। जिस चीज़ को सुलझा नहीं पाए उसे ज़मीन के नीचे दबा दिया। यह रिश्ता तो दुनिया ने कभी स्वीकार किया ही नहीं। न ज़िन्दगी में, न कहानी में। कहानी लिखने वालों को भी जब समझ में नहीं आता कि दोनों के क़रीब आने के बाद क्या करें तो उन्हें मार डालते हैं,'' तुमने कहा।

''तो क्या करते?'' प्रोफ़ेसर ने छेड़ने वाले अन्दाज़ में कहा।

''जीने देते।''

''मियाँ-बीवी बनकर या इन्क़लाबी बनकर?''

''जैसे भी।''

''देखो कल्पना, मैं कोई नई बात नहीं कह रहा हूँ, लेकिन जो कह रहा हूँ वो जितनी बार कहा जाए, उतना ही सच मालूम होता है। चाहे वो हिन्दी फ़िल्म का बाप ही क्यों न कह रहा हो। शादी प्यार की आख़िरी मंज़िल है। सोचो ज़रा, अगर लैला-मजनूँ की शादी हो जाती तो लैला बीवी बनकर और मजनूँ मियाँ बनकर कितने बोर होते। कहानी का मज़ा ही चला जाता। और तो और, उन्हें कोई जानता भी नहीं।''

''लेकिन वो मिल तो जाते,'' तुमने कहा।

''बेशक मिल जाते, लेकिन फिर लैला-मजनूँ नहीं रहते।''

''तो क्या मरना ज़रूरी था?''

''बेशक। ये क़ुर्बानी देकर उन्होंने शायरों, कहानीकारों और यहाँ तक कि फ़िल्मकारों की रोज़ी-रोटी का इन्तजाम किया है।''

''और जो मैं तैयार न होऊँ इस क़ुर्बानी के लिए तो?'' यह कहकर तुम खुद ही चौंक गईं।

''तो इतिहास तुम्हें भूल जाएगा। तुम चूल्हे-चौके में गुम हो जाओगी।

तुम्हारी आवाज़ प्रेशर कुकर की सीटी में घुटकर रह जाएगी,'' प्रोफ़ेसर ड्रामाई अन्दाज़ में मुग़ले-आज़म की तरह बोल रहे थे।

''तुम्हारी सिसकी को किचन के बाहर कोई न सुनेगा और सुनेगा तो समझेगा कि आज मिर्च ज़्यादा पड़ गई। तुम तड़पोगी उन दिनों के लिए जब मोहब्बत ज़िन्दा थी, और तुम मोहब्बत को ज़िन्दा रखने के लिए मरने को भी तैयार थीं। ये और बात है कि जिस पर तुम मरना चाहती थीं वो तुम्हारे क़रीब होगा। एक ही छत के नीचे मजनूँ तुम्हारा मियाँ बनकर बिलकुल घोंचू हो चुका होगा। उसके पास तुम्हें देखने की फ़ुरसत भी न होगी और न तुम्हें उसकी वो ख़ूबियाँ नज़र आएँगी जो कभी आती थीं। जिसे तुम मोहब्बत की ज़िन्दगी समझती हो वो मोहब्बत की मौत होगी। हा हा हा!''

प्रोफ़ेसर का ठहाका इतनी देर तक चला कि तंग आकर मैं चिल्लाया, ''कट! ऑडियो, वीडियो फ़ेड आउट।''

13

फिर एक शाम और वही हम सब।

वाई.एम.सी.ए. की खिड़की से सामने का पार्क नज़र आता था। बेशुमार लड़के-लड़की दूर से क़रीब आने की अलग-अलग मंज़िलों में नज़र आ रहे थे।

"लोग ज़िन्दगी में इतनी वैराइटी क्यूँ चाहते हैं?" प्रोफ़ेसर ने पूछा।

"क़यामत के आसार हैं," मौलाना ने दाढ़ी पर हाथ फेरकर कहा।

"क्या क़यामत है!" शायर ने कहा।

मौलाना और शायर को नज़रअन्दाज़ करके मैंने प्रोफ़ेसर की बात का जवाब दिया।

"ये तो बुनियादी आदमी की निशानी है।"

"आप ग़ुफा में दाख़िल हो रहे हैं," प्रोफ़ेसर ने कहा।

"बुनियादी सवाल पूछेंगे तो जवाब भी बुनियादी होगा," मैंने कहा।

"क्या हरेक के लिए कोई एक नहीं बना?" प्रोफ़ेसर ने पूछा।

"ज़रूर बना होगा," मैंने कहा।

"फिर?"

"आपके सवाल में ही आपका जवाब है," मैंने कहा।

"क्या?"

"उसी एक की तो तलाश हरेक को रहती है," मैंने कहा।

"और इसी एक की तलाश में कई एक से क़रीब आना होता है?" प्रोफ़ेसर ने कहा।

"जी हाँ, उसी एक की तलाश है...लेकिन वो एक किसी एक में मिलता ही नहीं," मैंने कहा।

"इसीलिए आप एक से दूसरे, दूसरे से तीसरे पर भटकते रहते हैं?" प्रोफ़ेसर ने कहा।

"मैं?"

"घबराने की बात नहीं। मैं आपकी नहीं आप जैसों की बात कर रहा हूँ," प्रोफ़ेसर ने कहा।

"तुम नहीं कोई तुम-सा होगा," ये शायर था।

शायर को नज़रअन्दाज़ करते हुए मैंने तुम्हारी तरफ़ देखा। तुम बहुत देर से हमारी बातों को सुन रही थीं। चुपचाप।

मेरी नज़र का पीछा करते हुए प्रोफ़सर ने तुमसे कहा, "आप क्यूँ ख़ामोश हैं?"

जब तुम ख़ामोश रहीं तो शायर ने कहा–

"छिपा-छिपा के ख़ामोशी में अपनी बेचैनी,
ख़ुद अपने राज़ की तशहीर बन गई हो तुम।"

"आप क्यूँ बेचैन हैं? किसकी तलाश में बेचैन हैं?" प्रोफ़ेसर ने पूछा।

"क्या तलाशे जाने के लिए बेचैन हैं?" मैंने शरारत से कहा।

"या कि दोनों," प्रोफ़ेसर ने कहा।

"एक ही बेचैनी की दो कैफ़ियतें हैं ये दोनों," तुमने कहा।

"कैसे, कैसे, कैसे?" प्रोफ़ेसर ने पूछा।

तुमने जवाब नहीं दिया तो मैंने कहा, "आप किसी को तलाश लें तब भी क्या ज़रूरी है कि वही इन्सान आपको भी तलाश लेगा...यही मानी है इस कैफ़ियत का।"

"यानी वैराइटी तो महज़ एक स्पिन ऑफ़ है," प्रोफ़ेसर ने कहा, "राह का पड़ाव है मंज़िल नहीं।"

"राह है उस तक पहुँचने की..." मैंने कहा।

"जिसे आप तक पहुँचना है," तुमने बात को पूरा किया।

''तो ये सफ़र...उर्दू का लफ़्ज है...ये सफ़र कभी ख़त्म भी होता है?'' प्रोफ़ेसर ने पूछा।

''जो लोग किसी पड़ाव पर रुकते हैं वो यही समझकर रुकते होंगे कि यह मंज़िल है...'' मैंने कहा।

''फिर वो पड़ाव छोड़ते क्यूँ हैं?'' प्रोफ़ेसर ने कहा।

''जब पता चल जाता है कि ये मंज़िल नहीं है,'' मैंने कहा।

''और ये कब पता चलता है?''

''जब ये पता चलता है कि जिसकी तलाश है ये वो तो नहीं,'' मैंने कहा।

''ये वो सहर तो नहीं।'' ये शायर था।

''और फिर अगला पड़ाव?'' प्रोफ़ेसर ने कहा।

''और फिर अगला पड़ाव,'' मैंने कहा।

''पड़ाव-दर-पड़ाव ज़िन्दगी ख़त्म हो जाए तो?'' प्रोफ़ेसर ने कहा।

''बैड लक,'' मैंने कहा।

''तो फिर अगली ज़िन्दगी तो है,'' तुमने कहा।

इस बात का किसी के पास क्या जवाब हो सकता था।

ज़रा चुप रहने के बाद प्रोफ़ेसर ने मुझसे पूछा, ''आपका क्या प्लान है?''

''आज का?''

''इस ज़िन्दगी का,'' प्रोफ़ेसर ने कहा।

''ये मेरा निजी मामला है,'' मैंने कहा।

''चलिए इतना तो बता दीजिए कि पड़ाव पर हैं कि मंज़िल पर।''

''या कि कहीं नहीं,'' शायर ने कहा।

''ये मिसरा है?'' मैंने पूछा।

''जी नहीं फ़िक़रा है,'' शायर ने कहा।

''कहीं नहीं तो नहीं हूँ,'' मैंने कहा, ''लेकिन कहीं हूँ ये भी नहीं कह सकता।''

''नहीं कह सकने का सबब?'' प्रोफ़ेसर ने ज़रा सख़्ती से पूछा।

मैं जवाब की बजाय खिड़की से बाहर झाँकने लगा।

"शर्म?" प्रोफ़ेसर ने पूछा।

"या कर्म?" शायर ने कहा।

"महज़ करम," मैंने कहा।

"मुबारक हो, मुबारक हो, कब मिली मंज़िल?"

"ये मेरा निजी मामला है," मैंने कहा।

"चलो तारीख़ जाने दो...मिली तो सही मंज़िल," प्रोफ़ेसर ने कहा।

"इस पर मैं कमेंट नहीं करना चाहता," मैंने कहा।

"लेकिन आपको मंज़िल मिली तो क्या आप भी किसी की मंज़िल बने?" प्रोफ़ेसर ने सवाल किया।

मैंने बारी-बारी से सबको देखा और आख़िर में तुम पर आकर ठहर गया।

"इस सवाल का जवाब मैं कैसे दे सकता हूँ?"

"क्यूँ?"

"मंज़िल तो ख़ामोश होती है," मैंने कहा।

"तो राही को बोलना होगा।"

"तो राही से पूछिए।"

"कौन है राही?" प्रोफ़ेसर ने कहा।

"कौन है हमराही?" शायर ने कहा।

"आप किसी की मंज़िल हैं, कोई आपकी," तुमने कहा, "आप राही किसी की मंज़िल के, कोई राही आपकी मंज़िल का।"

"दोनों राही, दोनों मंज़िल," मैंने कहा।

"वाह क्या ख़ूब आज़ाद नज़्म है," शायर ने कहा।

"नज़्म आज़ाद है लेकिन राही बँधे हुए लगते हैं," प्रोफ़ेसर हम दोनों को देखकर मुस्कुराए।

अदब से हमने नज़रें झुका लीं।

14

''आपके सिर पर अब चाँदी आने लगी,'' प्रोफ़ेसर ने एक शाम यूँ ही मेरे बालों की तरफ़ इशारा किया।

''सोने जैसा रंग है तेरा चाँदी जैसे बाल,'' ये शायर था।

''बड़ा वज़न आता है पर्सनेलिटी में,'' मैंने कहा।

''कोई वज़न-वज़न नहीं। सिर्फ़ उम्र नज़र आती है,'' प्रोफ़ेसर ने कहा।

''उम्र ही उम्र है, जिस पर सिम्त नज़र जाती है,'' शायर ने कहा।

मैंने शेर को नज़रअन्दाज़ कर दिया।

''मैं चाहता हूँ कि मेरे बाल जल्दी से सफ़ेद हो जाएँ और मैं फ़ास्ट फ़ॉरवर्ड में एक उम्र गुज़ार दूँ।''

''उससे क्या होगा?'' तुमने मेरी तरफ़ देखकर पूछा।

''ये पल-पल उम्र गुज़ारने की तकलीफ़ से बच जाऊँगा।''

''उससे क्या होगा?''

''जो तजुर्बात आपको एक पूरा आश्रम गुज़ार कर होंगे वो मुझे यूँही हो जाएँगे चुटकियों में।''

''आश्रम गुज़ारना इतना आसान है क्या?'' तुमने पूछा।

''मैं तो यूँही गुज़ार लेता हूँ।''

''कैसे?'' प्रोफ़ेसर ने पूछा।

''जब चाहे एक आश्रम पार करके दूसरे में चला जाता हूँ।''

"विग है क्या?" प्रोफ़ेसर ने पूछा।

"जी नहीं, सिर्फ़ कर्म के लिहाज़ से आश्रम बदल लेता हूँ।"

"कैसे?" तुमने पूछा।

"आपका मतलब है आप ब्रह्मचर्य की सरहद पार करके गृहस्थाश्रम में कभी भी घुसपैठ कर लेते हैं?" प्रोफ़ेसर ने मुझे जवाब देने का मौक़ा नहीं दिया।

"इसका उलटा भी सही है," मैंने कहा।

"तो आप ब्रह्मचर्य में जा चुके हैं?" प्रोफ़ेसर ने कहा।

"जाता रहता हूँ," मैंने कहा।

"जाता रहता हूँ का मतलब?" प्रोफ़ेसर ने पूछा।

"आना-जाना लगा रहता है," मैंने मुस्कुराते हुए कहा।

"ये तो नई बात सुन रहे हैं," प्रोफ़ेसर ने कहा।

"मेरी नज़र में ये कोई वन-वे टिकट नहीं है।"

"तो?" प्रोफ़ेसर ने पूछा।

"मैं तो किसी भी आश्रम में चला जाता हूँ," मैंने मुस्कुराते हुए कहा।

"ये तो समाज का नियम न हुआ," प्रोफ़ेसर ने कहा।

"ये मेरा नियम है," मैंने कहा।

"ये अय्याशी का दूसरा नाम तो नहीं?" प्रोफ़ेसर ने कहा।

"आप चारों आश्रमों में हो आए हैं?" तुमने आहिस्ते से पूछा।

"अक्सर हो आते हैं।"

"यानी वानप्रस्थ तक हो आए हैं?" प्रोफ़ेसर ने कहा।

"जी हाँ।"

"कैसे तय करते हैं कि अब गृहस्थाश्रम का वक़्त आ गया है और कब संन्यास लेने का टाइम है?" प्रोफ़ेसर ने पूछा।

"ये मेरे बस में नहीं।"

"तो कौन तय करता है?" प्रोफ़ेसर ने पूछा।

"मेरे हम-आश्रम," मैंने कहा।

तुमने चौंककर मुझे देखा।

"हम-निवाला, हम-पियाला तो सुना था। हम-आश्रम बिलकुल नया

है,'' शायर ने कहा।

''तो आप जाते नहीं हैं, ले जाए जाते हैं,'' प्रोफ़ेसर ने कहा।

''जी हाँ।''

''तब तो बड़ी खींचतान मची रहती होगी?''

''क्यूँ?''

''कोई गृहस्थाश्रम में ले जाना चाहता होगा...''

''होगी,'' ये शायर था।

''कोई संन्यास में।''

''ये कशमकश तो ज़िन्दगी में बनी ही रहती है,'' मैंने कहा।

''कुल कितने बरस गुज़ारे आपने अभी तक गृहस्थाश्रम में?'' प्रोफ़ेसर ने पूछा।

''ये बरसों में कैसे बताया जा सकता है?'' मैंने कहा।

''तो महीनों में बता दीजिए,'' उन्होंने कहा।

''इसे बरसों, महीनों, दिनों या पलों में नहीं गिना जा सकता है...ये तो स्टेट ऑफ़ माइंड है,'' मैंने कहा।

''तो इतना ही बता दीजिए कि अब तक की ज़िन्दगी का कितना हिस्सा किस आश्रम के स्टेट ऑफ़ माइंड में गुज़रा है?''

''मुश्किल है,'' मैंने कहा।

''क्यूँ?''

''क्योंकि मुमकिन है कि बयकवक़्त आप कई आश्रमों में हों।''

''क्या?'' प्रोफ़ेसर ने चौंककर कहा, ''किसी के आशिक़, किसी से संन्यास, किसी से ब्रह्मचर्य?''

''हम-आश्रमों को यूँ सरेआम बेनक़ाब न कीजिए,'' मैंने कहा।

''ये कोई जुर्मों की सज़ा है क्या जो कॉनकरंटली चलती है,'' प्रोफ़ेसर ने कहा।

''ऐसा ही समझिए। एक साथ कई आश्रमों की ज़िन्दगी गुज़ारना और कई बार तो एक ही आश्रम में कई लोगों को जगह देना...''

''मैं तो आपको शरीफ़ राही समझता था,'' प्रोफ़ेसर ने कहा।

''आप राही किसी की मंज़िल के,

कोई राही आपकी मंज़िल का।'' शायर ने मुस्कुराकर कहा।

''एक राह में कई पड़ाव होते हैं,'' मैंने कहा।

''लेकिन आपने तो एक ही पड़ाव पर कई ख़ेमे लगा लिये...एक भीड़ लगा दी आश्रम में,'' प्रोफ़ेसर बोले।

''फिर भी जगह कम नहीं,'' मैंने जवाब दिया।

तुम एकाएक सिर उठाकर मुझे देखने लगीं जैसे कुछ समझना चाह रही हो।

15

उस शाम इबादतख़ानों पर बहस छिड़ी तो प्रोफ़ेसर ने दावा किया कि उन्होंने फ़तेहपुर सीकरी पर रिसर्च किया है।

"उसकी हर ईंट से वाक़िफ़ हूँ," प्रोफ़ेसर ने कहा।

"मैं उसकी रूह से वाक़िफ़ हूँ," मैंने कहा।

"मैं तो सिर्फ़ आप दोनों से वाक़िफ़ हूँ," तुमने कहा।

"फ़तेहपुर सीकरी का चप्पा-चप्पा मेरा छाना हुआ है।" तुम्हारी बात को नज़रअन्दाज़ करते हुए प्रोफ़ेसर ने कहा।

"अच्छा तो बताइए एक 'कॉम्पलेक्स' में इतने महल क्यूँ थे?" तुमने पूछा।

"रानियाँ भी तो इतनी थीं।"

"क्यूँ थीं इतनी?" तुमने कहा।

"इसके लिए अकबरे-आज़म के ज़हन की गहराइयों में जाना होगा," प्रोफ़ेसर ने कहा।

"जी नहीं, किसी भी आदमी की गहराई में...या कभी-कभी तो बिलकुल सतह पर...इसका जवाब मिल जाएगा," मैंने कहा।

"आप तो सतही आदमी हैं, आप ही बताएँ," प्रोफ़ेसर ने कहा।

"एक बार अकबरे-आज़म ने उलेमा के सामने ये सवाल रखा था कि उनकी बीवियों की तादाद चार से ज़्यादा है...ज़्यादा क्या कहीं ज़्यादा है...

तो शरई लिहाज़ से ये किस हद तक दुरुस्त है। यानी कि दुरुस्त तो है ही नहीं लेकिन मक़सद था कि उलेमा कोई तरकीब निकालें।'' मैंने प्रोफ़ेसर की बात का रुख़ मोड़ दिया।

''तरकीब की क्या ज़रूरत थी, बादशाह तो कुछ भी कर सकता है,'' प्रोफ़ेसर ने कहा।

''जी हाँ, कुछ भी कर सकता है लेकिन बड़प्पन माना जाता है कि ग़लत काम को भी कांस्टीट्यूशनल तरीक़े से किया जाए,'' मैंने कहा।

''ज़नानख़ाने का मसला इबादतख़ाने में,'' तुमने धीमे से कहा।

''मसले का जवाब क्या मिला?'' प्रोफ़ेसर ने पूछा।

''एक आलिम ने कहा कि दो जमा दो जमा तीन जमा तीन जमा चार जमा चार बीवियों की बादशाह को इजाज़त है यानी कुल अठारह।''

''जवाब नहीं। काश मौलाना आज यहाँ हमारे बीच होते तो कितना ख़ुश होते ये सुनकर,'' प्रोफ़ेसर ने ज़ोर का ठहाका लगाया।

''कुछेक दूसरे उलेमा को लगा कि ये ज़रा ज़्यादा हो गया। उन्होंने कहा कि दो जमा तीन जमा चार यानी नौ दुरुस्त हैं।''

प्रोफ़ेसर की हँसी रुकी तो बोले, ''आपने जवाब नहीं दिया ऐसा क्यूँ होता है?''

''कैसा क्यूँ.होता है?'' मैंने अनजान बनकर पूछा।

''कि इतनी रानियाँ क्यूँ हैं?'' प्रोफ़ेसर ने कहा।

''ये तो फ़्यूडल सोसाइटी में कामयाबी और इज़्ज़त का पैमाना था। आज भी बी.एम.डब्ल्यू. या जिमख़ाना की मेम्बरशिप में जो बात है वही।''

''यानी कामयाबी की निशानी...प्राइज़ ऑफ़ वॉर,'' तुमने कहा।

''इसमें कोई शक नहीं। अकबरे-आज़म के तौर-तरीक़े ज़रा सोफ़ेस्टीकेटेड थे वरना जाने कब से जंग में लूट के माल में जान और माल दोनों हुआ करते थे।''

''जान और माल...अच्छा कहा,'' प्रोफ़ेसर बोले।

मैं शरमाकर चुप हो गया और तुमसे नज़र चुराकर बाहर की तरफ़ देखने लगा।

''ये तो बात हुई बादशाहों की,'' प्रोफ़ेसर ने कहा, ''अब अपनी कहो।''

"अपनी और बादशाहों की कोई अलग थोड़ी ही है," मैंने कहा।

"तुम भी इसी कॉम्पलेक्स में हो?" प्रोफ़ेसर ने पूछा।

"इसे समझने के लिए फ़्लैशबैक की ज़रूरत है," मैंने कहा।

"कहाँ? सीकरी?" प्रोफ़ेसर ने पूछा।

"जी नहीं," मैंने कहा।

"गुफा," तुमने अपनी ख़ामोशी को तोड़ा।

"बार-बार उसी आरामगाह में लौट जाते हैं आप दोनों।" प्रोफ़ेसर बोले।

'आप दोनों' को हम दोनों ने नज़रअन्दाज़ किया।

"हर गुफा एक कॉम्पलेक्स है," मैंने कहा।

"यानी कि हरेक की ज़िन्दगी में कई महल होते हैं?" प्रोफ़ेसर ने कहा।

"यक़ीनन हरेक का अपना-अपना कॉम्पलेक्स होता है," मैंने कहा।

"यानी कि हरेक की ज़िन्दगी में बीबी मरियम, जोधाबाई और एक भरा-पूरा हरम होता है?" प्रोफ़ेसर ने पूछा।

"कौंक्रीट का तो नहीं," मैंने कहा।

"लाल पत्थर का या संगमरमर का?" प्रोफ़ेसर ने पूछा।

"ज़रूरी नहीं," मैंने कहा।

"यानी ये हरम टाइम एंड स्पेस से ऊपर हो गया," प्रोफ़ेसर ने मुस्कुराकर कहा।

हम सब सोच में गुम हो गए।

"वजह आपने अभी तक नहीं बताई," प्रोफ़ेसर ने फिर पूछा।

"किस बात की वजह?" मैंने पूछा।

"इतने बड़े कॉम्पलेक्स की क्या ज़रूरत है...मेरा मतलब इतना बड़ा कॉम्पलेक्स पालने की क्या जरूरत है," उन्होंने कहा।

"कोई आसान जवाब थोड़े ही है इसका," मैंने कहा, "कई जवाब हैं।"

"जैसे?" वो बोले।

मैं जवाब देता इससे पहले ही तुमने कहा, "लेकिन औरत इस

कॉम्पलेक्स का हिस्सा है। उसका अपना कोई कॉम्पलेक्स नहीं?''

''ख़ूब कहा। बीबी मरियम के कॉम्पलेक्स में अकबरे-आज़म जैसे कई एक क्यूँ नहीं?'' प्रोफ़ेसर ने कहा।

''आप भूल रही हैं कि इस कॉम्पलेक्स में इबादतख़ाना, मस्जिद, दरगाह भी हैं। अब इनके रहते कॉम्पलेक्स कुछ और हो भी क्या सकता है,'' मैंने कहा।

''यानी ये जगहें तय करती हैं कि आप कॉम्पलेक्स का हिस्सा हैं कि कॉम्पलेक्स आपका।'' प्रोफ़ेसर ने तुम्हारी तरफ़ देखा।

''बड़ा कॉम्पलेक्स है,'' तुमने प्रोफ़ेसर को और मुझे देखकर कहा।

16

उस दिन गुड फ़्राइडे था।

वॉरेन स्ट्रीट की मस्जिद में मौलाना से मुलाक़ात हो गई।

"आज शैतान यहाँ?" मौलाना ने पूछा।

"जी हाँ देखने आया था कि कितने लोग मेरे बहकावे में आते हैं," मैंने कहा।

"क्या नतीजा निकला?"

"यही कि मेरे आने की ज़रूरत ही नहीं थी," मैंने कहा।

मेरी बात का शायद उनको कोई जवाब नहीं सूझा तो बोले, "ये पहला जुमा है कि आपको मस्जिद में देख रहा हूँ।"

"जी हाँ। ये लन्दन में मेरा पहला गुड फ़्राइडे है।"

"तो?"

"तो ये कि छुट्टी है," मैंने कहा।

"तो छुट्टी नहीं होती तो आते ही नहीं?" मौलाना ने पूछा।

"जी कैसे आता। जुमा वर्किंग डे है। जो वक़्त नमाज़ का है वही मेरे ट्रांसमिशन का है...काम भी तो इबादत है..." मैंने मुस्कुराते हुए कहा।

"काम भी आप इबादत की तरह करते होंगे...कभी-कभी।"

"जी हाँ, काम भी इबादत की तरह करता हूँ...ख़ामोशी से," मैंने मुस्कुराकर कहा।

"इतनी ख़ामोशी से कि ख़ुदा को भी शायद ही पता चलता हो," मौलाना ने कहा।

"आपकी इबादत तो ख़ुद को भी शायद ही पता चलती हो," मैंने कहा।

"ख़ुदी बहुत है आप लोगों में," नमाज़ियों के हुजूम में से एकाएक शायर बरामद हुआ।

"ख़ुदी, ख़ुदा और ख़ुद," मैंने कहा।

बातचीत अब मौलाना के दायरे से बाहर जा रही थी।

"अब तो आपकी इमामत में भी अच्छे-ख़ासे लोग नमाज़ पढ़ते हैं," मैंने मस्जिद से निकलते हुए हुजूम की तरफ़ इशारा किया।

"जी हाँ," मौलाना ने कहा।

"हिन्दुस्तान के मुक़ाबले में यहाँ की मस्जिदें यक़ीनन आरामदेह हैं। ए.सी. वग़ैरह हैं। लेकिन एक मामले में कोई फ़र्क़ नहीं है।"

"क्या?" उन्होंने पूछा।

"मौलाना का...यानी कि आपका ख़ुतबा सियासी ही होता है।"

"जैसे मुल्ला का अमामा, जैसे बनिए की किताब," शायर ने कहा।

"बोसनिया और चेचनिया से लेकर कश्मीर तक हर मसले का हल आपके पास है," मैंने कहा।

"बेशक," मौलाना ने मुस्कुराकर कहा।

"और हल भी फ़ौरन।"

"शब-भर में," शायर ने कहा।

नमाज़ी अब छँट चुके थे। हम तीनों वहीं, क़ालीन पर बैठ गए।

"शुरू-शुरू में जब आप आए होंगे तो कुछ अजीब-सा नहीं लगता था?" मैंने पूछा।

"कैसे?" मौलाना ने पूछा।

"मस्जिद का तसव्वुर होता है तो ख़याल आता है एक पुरानी गिरती हुई-सी इमारत का, ज़मीन पर बिछी चटाई का, एक मुफ़लिस इमाम का।"

"गुम्बद का, मीनार का," शायर ने कहा।

"उन पे कबूतर का," मैंने कहा।

''अज़ान का,'' शायर ने कहा।

''दूर से पता चल जाता है कि मस्जिद है,'' मैंने कहा।

''यहाँ तो पास से भी पता नहीं चलता,'' शायर ने कहा।

''चार डिपार्टमेंट स्टोर के बीच एक मस्जिद भी है...क्या पता चलेगा,'' मैंने कहा, ''ज़रा मीनार हो, पाँच वक़्त की अज़ान हो...ऐसे कि पूरे इलाक़े को मालूम हो।''

''जुमे की नमाज़ और रामनवमी का जुलूस बयकवक़्त हो,'' शायर ने कहा।

''तब तो बात है,'' मैंने कहा, ''वरना इतने सुकून में नमाज़ पढ़ने की आदत नहीं है।''

''ज़िन्दा क़ौमें तलवार के साए में नमाज़ पढ़ा करती हैं,'' शायर ने कहा।

''और तलवार यहाँ सिर्फ़ ब्रिटिश म्यूज़ियम में है,'' मैंने कहा।

बात अभी और आगे बढ़ती लेकिन तभी दरवाज़े पर पहले तुम्हारा दुपट्टा और फिर तुम नज़र आईं। शायद तुम झुककर चप्पल उतारने को ही थीं कि मौलाना तीर की तरह उठे।

''अरे...यहाँ आने की ज़हमत कैसे की...आइए बाहर आइए...सोफ़े पर,'' मौलाना ने कहा।

अगर अलफ़ाज़ से किसी को धक्का दिया जा सकता है तो उस रोज़ देखा। तुम जहाँ थीं वहीं ठहर गईं—एक मूरत की तरह। मैं चुपचाप उठा और तुम्हें बाहर की तरफ़ ले गया।

''यहाँ क्या ज़रूरत थी आने की,'' मैंने कहा।

''बस पनघट पर देखा, कमरे में देखा...कहीं नज़र नहीं आए तो किसी ने कहा इस तरफ़ आए हो...यक़ीन नहीं हुआ कि तुम और इस जगह...सोचा देख ही लें।''

''क्यूँ? मैं क्यूँ नहीं।''

''जो खुदाय महजिद बसतु है...''

''बाकी मुलुक केहिकेरा,'' मैंने पूरा किया

''इसीलिए ताज्जुब हुआ,'' तुमने कहा।

"तुम्हें बुरा लगा क्या? मौलाना दिल के बुरे नहीं हैं।"

"नहीं कोई पहली बार थोड़े ही ऐसा हुआ है?"

"तुम पहले भी आई हो?"

"मैं तो हमेशा से आने की कोशिश करती रही हूँ।"

"और हमेशा लौटा दिया गया?"

"हाँ।"

"तो चलो बाक़ी मुलुक की सैर करते हैं।"

हम दोनों हाथ पकड़े-पकड़े वाई.एम.सी.ए. के सामने के लॉन की तरफ़ बढ़ गए।

17

उस ज़माने की हर शाम के साथ यादें जुड़ी हैं इस तरह से कि हर शाम कोई शाम याद आ जाती है। यूँ लगता था कि हर दिन के साथ ताल्लुक़ात का कोई नया पहलू, कोई नया रंग ज़ाहिर हो रहा है।

ठीक से याद नहीं है, तुम्हें किस वजह से मेरे ऑफ़िस आना पड़ा था और मैं तुम्हें चाय पिलाने रेस्तराँ में ले गया था। न जाने कहाँ से रागिनी आ गई। ये तुम दोनों की पहली मुलाक़ात थी। ये मैंने उस वक़्त भी महसूस किया था कि तुम्हारे और रागिनी के बीच ख़ास बातचीत नहीं हुई। मैं ही बारी-बारी दोनों से बात करता रहा। माहौल में ठंडक की वजह मुझे शाम को समझ में आई जब मैं वाई.एम.सी.ए. लौटा और तुम मुँह फुलाए मिलीं।

"क्या हुआ?" मैंने पूछा।

"ख़ूब आँख में आँख डालकर बात कर रहे थे?"

इस हमले के लिए मैं बिलकुल तैयार नहीं था।

"किसकी?"

"उसी की जिसके साथ वक़्त गुज़ारते हो?"

"समझा नहीं।"

"वही जिसके सामने आज बैठकर चाय पी रहे थे और आँखों में आँख डालकर बात कर रहे थे।"

"यार वो तो कलीग है। तमीज़ से पेश आना ज़रूरी है। ये कर्टसी है

कि किसी भी इन्सान से बात करते हैं तो उसकी तरफ़ देखते हैं।'' मैंने सफ़ाई पेश की।

''इस तरह से देखते हैं?''

''किस तरह से?''

''प्यार से?''

''जी नहीं, इन्कार से।'' मैंने सोचा कि बात को एक ख़ूबसूरत मोड़ देकर ख़त्म किया जाए।

''क़सम खाओ कि फिर कभी उसकी तरफ़ नहीं देखोगे इस तरह से।''

''जब 'इस तरह से' देखा ही नहीं तो फिर क़सम कैसी!''

तुम थककर रुआँसी हो गई थीं।

''मैं उसको बर्दाश्त नहीं कर सकती।''

यह पहला मौक़ा था कि मैंने तुम्हें इतना ग़ुस्से में देखा।

''इतना ग़ुस्सा तो मेरी 'कल्पना' में भी नहीं था,'' मैंने धीरे से कहा।

उस दिन मैंने बात को आगे नहीं बढ़ाया लेकिन बाद में एक दिन तुमसे पूछा, ''इतना ग़ुस्सा क्यों? मुझ पर भरोसा नहीं है?''

''नहीं, वो बात नहीं। बर्दाश्त नहीं हुआ कि कोई तुम्हें इतना क़रीब से देखे, इस तरह से।''

'इस तरह से' वाली बात पर मैंने फिर छेड़ना ठीक नहीं समझा। बस इतना कहा, ''लेकिन मैं तो ग़ुस्से में नहीं आता। उस दिन तुम डाइनिंग हॉल में किसी के साथ क़रीब बैठकर बात कर रही थीं। मैंने तो कुछ नहीं कहा।''

''मैं उसको 'इस तरह से' थोड़ी ही न देख रही थी।''

''तो मैं कौन-सा रागिनी को 'इस तरह से' देख रहा था।''

तब तुमने मुस्कुराकर मेरे सुलझे हुए बालों को उलझाते हुए कहा था, ''वी वीमन आर डिफ़रेंट।''

'वी वीमन आर डिफ़रेंट।' हम अलग ही कुछ हैं। मैं तो अपने जैसा ही समझ रहा था। इसलिए एक शाम जब तुम अपने रिसर्च प्रोजेक्ट के सिलसिले में कहीं गई हुई थीं तो मौक़ा पाते ही मैंने अपनी मंडली के सामने ये सवाल रखा। आज मौलाना और शायर भी थे लेकिन गम्भीर मामलों में मैं और प्रोफ़ेसर उनकी मौजूदगी को 'टोकन प्रेज़ेंस', एक रस्मी मौजूदगी, कहा

करते थे। बहरहाल मसला औरत-मर्द का था इसलिए मौलाना ने बोलना ज़रूरी समझा।

''ख़ुदा ने औरत को मर्द की पसली से बनाया है, दोनों के हुक़ूक़ में फ़र्क़ है। एक को दूसरे की किफ़ालत की ज़िम्मेदारी दी गई है। वैसे अल्लाह तआला की नज़र में सब बराबर हैं,'' मौलाना एक लम्बे वक़्त तक इस पर बोल सकते थे, लेकिन वो जो भी बोलते हम पर उसका कोई असर नहीं पड़ता।

''मामला मज़हबी नहीं है, समाजी है,'' मैंने कहा।

''क्या समाज जिस तरह से...जिन मंज़िलों से होकर मौजूदा शक्ल तक पहुँचा है...क्या कुछ ऐसी विकृतियाँ पैदा हो गई हैं, जिसकी वजह से औरत और मर्द अलग-अलग नज़र आते हैं?'' मैंने प्रोफ़ेसर से पूछा।

''इसकी वजह आपको एंथ्रोपोलोजी में मिलेगी,'' प्रोफ़ेसर ने धुआँ छोड़ा, ''इन्सान का बच्चा बड़ा होने में बहुत ज़्यादा वक़्त लेता है, शायद सभी जानवरों में सबसे ज़्यादा। तो इसकी देखभाल करना भी यूँ समझो कि फ़ुलटाइम काम है, यानी बच्चे को पैदा करने के बाद भी औरत को उसकी देखभाल में काफ़ी वक़्त लगाना पड़ता है। इसका नतीजा यह कि वो रोज़ी-रोटी कमाने, यानी जंगल में शिकार करने या खाना बटोरने नहीं जा सकती थी और यहाँ से शुरू होती है कहानी उसके घर बैठने की। कई हज़ार साल लग गए उसे घर से निकलने में।''

''आपकी बीवी तो अब भी घर पर हैं,'' मैंने मौलाना की तरफ़ मुड़कर कहा।

''और अगले हज़ार बरस तक रहेंगी,'' शायर ने कहा।

''नो पर्सनल कमेंट्स प्लीज़,'' प्रोफ़ेसर ने कहा।

''आपकी बातों से ये तो साबित होता है कि औरत की जगह घर तक कैसे सीमित हो गई,'' मैंने बातचीत का सिरा फिर उठाया, ''लेकिन दिल-दिमाग़ में वो अलग कैसे हो गई ये तो साबित नहीं होता।''

प्रोफ़ेसर मुस्कुराए। शायर को, मौलाना को और मुझे बारी-बारी देखा और हमारे मुँह पर धुआँ छोड़ा।

''देखो औरत जब घर, या गुफा जो भी कह लो...वहाँ बैठ गई तो उसे

ये फ़िक्र हमेशा रही कि उसकी और उसके बच्चे की रोटी का इन्तज़ाम करने वाला आदमी ज़िम्मेदारी निभाता रहे। हत्था तुड़ा के भागे नहीं। यानी कि उस जंगली समाज में, जबकि इतिहास की शुरुआत नहीं हुई थी...तब जबकि समाज उतना लिबेरेटेड नहीं था, जितना कि आज का लन्दन शहर, उस वक़्त औरत को, आदमी के बच्चे की माँ को, ये फ़िक्र हमेशा सताया करती थी कि आदमी शिकार लेकर घर ही लौटे। किसी और गुफा में, किसी और औरत के पास न चला जाए। ये हुई फ़ीमेल जेलसी।''

उनकी बात पर सिर हिलाते हुए मैंने कहा था, ''लेकिन आज के शहरी समाज में, ऊँचे तबक़े में ये हालत तो नहीं। औरत भी शिकार करके...'' अपनी ज़बान से निकली हुई बात पर मैं ख़ुद ही घबराकर और शर्मा कर चुप हो गया।

प्रोफ़ेसर ने पीठ ठोंकते हुए कहा था, ''शाबाश। आज कल्पना को बताऊँगा जब वो शिकार करके लौटेगी।''

चिढ़कर मैंने अपनी बात को दोहरा दिया।

''औरत भी आज शिकार करने, मेरा मतलब है नौकरी करने निकलती है आदमियों की तरह ही। एक ऐसी औरत जो बच्चे को क्रेश में डालकर नौकरी कर सकती है...एक ऐसी औरत जो मर्द के सहारे नहीं है...वो भी हज़ारों साल पहले की औरत की तरह दूसरी औरतों को शक की निगाह से देखती है। उसे तो ये डर नहीं होना चाहिए कि आदमी शिकार करके किसी के पास चला जाएगा तो उसका और बच्चे का पेट कौन पालेगा। वो तो ख़ुद इस लायक़ है कि वो नौकरी कर सके और अपना...अपना साथी बदल सके। फिर ये जलन क्यों?''

''ये है कल्चरल लैग यानी वो हालात चाहे ख़त्म हो गए हों जिनमें औरत की जलन ने जन्म लिया, लेकिन वो जलन इतनी गहरी बैठ गई है कि जाएगी नहीं,'' प्रोफ़ेसर ने कहा।

''तो वो डिफ़रेंट है?''

''हाँ,'' प्रोफ़ेसर ने कहा था।

''तो इसी लॉजिक को आगे ले जाएँ तो क्या ये मान लें कि किसी ताल्लुक़ात से औरत की उम्मीद कुछ और है और मर्द की कुछ और। यानी

आपके जंगल की तरफ़ लौटें तो क्या ये सही है कि औरत चाहती है कि मर्द उसके पास, सिर्फ उसके पास शाम ढले लौट आए। और मर्द चाहता है...चूँकि वो आज़ाद है और आत्मनिर्भर है कि वो कहीं और चला जाए,'' मैंने कहा।

''अभी कल ही अख़बार में पढ़ रहा था कि यहाँ ब्रिटेन में रिसर्च हुई है और पता चला है, औरत-मर्द के ताल्लुक़ात की औसत मियाद तीन-चार बरस से ज़्यादा नहीं होती। चाहे शादी कह लो, चाहे साथ रहना...जो भी... सारा खेल कुल तीन-चार बरस का है,'' प्रोफ़ेसर ने कहा।

''जंगल की तरफ़ एक बार फिर,'' मैंने बात को जारी रखा, ''आज़ाद शिकारी कहीं भी चला जाता है क्योंकि वो रोज़ी-रोटी कमा सकता है, किसी भी औरत को ज़िन्दगी की सुविधाएँ मुहैया करा सकता है...जो भी उस ज़माने के स्टेट ऑफ़ दि आर्ट कम्फ़र्ट हुआ करते थे...तो उसकी ये आज़ाद तबीयत तब भी थी अब भी है। तो क्या यही फ़र्क़ है आदमी और औरत में?''

''हज़ारों साल पहले का आदमी कहीं भी जा सकता था,'' प्रोफ़ेसर ने हामी भरी, ''लेकिन औरत के लिए ये ज़रा मुश्किल था। ख़तरनाक हालत में उसके और बच्चे के लिए ये और भी ज़रूरी था कि मर्द उसकी रखवाली करे और रोज़ी-रोटी का इन्तज़ाम करता रहे। ऐसे में मर्द को इस बात का शक बहुत कम था कि औरत कहीं और किसी और के पास चली जाएगी क्योंकि कोई और मर्द उसका तो ख़याल रख सकता था लेकिन उसके बच्चे की...उस बच्चे की जो किसी और मर्द का था उसकी परवरिश क्यों करता! तो औरतों के लिए मौक़े बहुत ही लिमिटेड थे। ये मर्द भी जानता था। इसी वजह से उसमें आज भी वैसी जेलसी नहीं है जैसी औरतों में देखने को मिलती है।''

''तो क्या मर्दों में जेलेसी नहीं होती?'' मैंने पूछा था।

''देखो मर्दों में जलन होती है, लेकिन तब जबकि होड़ होती है औरतों के लिए। फिर जब मर्द किसी औरत को अपना लेता है तो भी यह नहीं कहा जा सकता कि जलन ख़त्म हो जाती हो। मर्द जी तोड़ मेहनत करता है। ऐशो आराम जुटाता है। क्यूँ?''

''क्यूँ?''

''बुनियादी वजह है डी.एन.ए.''

''डी.एन.ए.?''

''हाँ,'' प्रोफ़ेसर ने कहा, ''हर मर्द की ख़्वाहिश होती है कि वो मरने के बाद भी ज़िन्दा रहे। और यह तभी मुमकिन है कि उसके औलाद हो और उस औलाद में उसका अपना डी.एन.ए. हो, जीन्स हो। यह शक भी हज़ारों साल पुराना है कि मर्द जिसके लिए जी तोड़ मेहनत करे, जान ख़तरे में डाले, जंगल-जंगल शिकार करता फिरे वो औलाद उसकी हो ही ना। तो सारी मेहनत, सारे जोखिम किसी और की औलाद के लिए? यही वजह है कि औरत पर तरह-तरह की पाबन्दियाँ और पर्दे लगाए गए कि ऐसा ख़तरा न रहे। उसके दिल में बैठाया गया कि इज़्ज़त जान से बड़ी चीज है। ये बातें आप आज भी सुन सकते हैं...हिन्दी फ़िल्मों में, चाहे असल ज़िन्दगी में। मर्द अपनी औरत को पराए मर्द से बात करता देख लेता है, तो जानते हो क्या होता है?''

शायर ने कहा, ''जोश मलीहाबादी ने एक क़िस्सा लिखा है। सच्चा है शायद। बीसवीं सदी की शुरुआत के कुछ साल इधर या कुछ साल उधर की बात रही होगी। पठानों की शादी थी। जैसा कि होता था ऐसे मौक़ों पर, मुजरा हो रहा था कि तभी गोली चलने की आवाज़ आई। मेज़बान दौड़कर बाहर आए। गोली चलाने वाले ने कहा कि आपकी बीवी ऊपर खिड़की से झाँक रही थी, मैंने उसे गोली मार दी। मेज़बान अन्दर गए और एक लड़की की लाश को घसीटते हुए बाहर लाए। बोले आप सब लोग देख लीजिए। ये लाश मेरी बीवी की नहीं...बांदी की है। ख़ुदा ने मेरी इज़्ज़त रख ली।''

इस क़िस्से पर प्रोफ़ेसर मुस्कुराए। ''बस यही बात है। कहीं ज़्यादा एवीडेंट है कहीं कम। बात वही है...तो जलन मर्दों में भी है, लेकिन औरतों से कम। इसकी बड़ी वजह ये है कि जिस ज़माने की मैं बात कर रहा हूँ... आग और पत्थर के ज़माने की...उस ज़माने में एक मर्द के दूसरी औरत के पास चले जाने का नतीजा था औरत और उसके बच्चे की भुखमरी। लेकिन इसके उलटा देखिए तो एक औरत के दूसरे मर्द के पास जाने...या कभी-कभी जाने का नतीजा क्या था? सिर्फ़ मर्द को ये अफ़सोस या ये शक कि औलाद उसकी नहीं। तो एक तरफ़ ज़िन्दगी-मौत का सवाल, दूसरी तरफ़ सिर्फ़

जज़्बात का, और फिर जो अपने आपको सुपीरियर समझ लेता है वो ज़रा कम जलता है।''

''लेकिन अब हालात बदल गए हैं। अब तो औरत बराबरी के दरजे पर है,'' मैंने कहा था।

''हाँ। लन्दन-दिल्ली में तो है ही। लेकिन वही बात। हालात बदल जाते हैं, सोचने का तरीक़ा वही पुराना रहता है। औरत चाहे आज़ाद हो गई हो लेकिन कंडिशनिंग तो पुरानी है। मर्द की कंडिशनिंग भी तो पुरानी है। वो जलेगा ज़रूर, लेकिन उतना नहीं जितनी कि औरत।''

बातचीत के इस नाज़ुक मोड़ पर दरवाज़े का पर्दा हटा और तुम अन्दर दाख़िल हो गईं। प्रोफ़ेसर के मुँह पर एकदम ताला पड़ गया क्योंकि हम तीनों के साझा स्टैंडर्ड से प्रोफ़ेसर की बातें कुछ ज़्यादा 'बोल्ड' थीं। प्रोफ़ेसर चुप यूँ हुए जैसे कि कभी कुछ कहा नहीं, लेकिन तुमने अन्दर आते-आते बात का छोर पकड़ लिया।

''आपका मतलब है कि लड़की में ज़्यादा जलन है, लड़के के मुक़ाबले?'' मैंने पूछा।

प्रोफ़ेसर को जान छुड़ाना मुश्किल हो गया था।

''पोलिटिकली बहुत ही इनकरेक्ट बात कह दी आपने प्रोफ़ेसर। अब भारी पड़ेगा,'' मैंने फिर छेड़ा।

प्रोफ़ेसर चुप। मौलाना और शायर के हाथ से तो मामला वैसे ही निकला हुआ था। वो दोनों पिटे हुए मोहरे की तरह हमारी शक्ल देख रहे थे।

प्रोफ़ेसर की तरफ़ से मैंने बात बढ़ाई, ''देखो कल्पना, हमारी लम्बी बात हुई और प्रोफ़ेसर का कहना है कि मर्द और औरत के रिश्ते को देखें तो ज़ाहिर है कि बहुत नाज़ुक है। लेकिन औरत में जलन ज़्यादा है।''

अब रुककर मैंने प्रोफ़ेसर की तरफ़ देखा। एक जायज़ा तुम्हारे चेहरे का लिया और कहा, ''यानी प्रोफ़ेसर साहब कह रहे थे कि चोट खाई हुई औरत जल्दी और कहीं ज़्यादा ख़ून पीने पर आमादा हो जाएगी। ये ख़याल है प्रोफ़ेसर साहब का।''

मुझे डाँटते हुए प्रोफ़ेसर ने कहा था, ''नहीं भाई, ऐसा नहीं कहा हमने।

ख़ून पीने की बात कब कही। हम तो एक ऐकेडमिक नज़रिये से मामले को देख रहे थे। हमने ये नहीं कहा कि औरत ख़ून पीने पर आमादा हो जाएगी। मैं ऐसी वाहियात बात...''

प्रोफ़ेसर की बात काटकर तुमने कहा, ''मैंने कब इनकार किया इस बात से। वी आर डिफ़रेंट।''

प्रोफ़ेसर अवाक् होकर तुम्हें देखने लगे, मैं और तुम एक-दूसरे को, शायर और मौलाना फ़र्श को।

18

अगले दिन दफ़्तर में ये मामला नए ज़माने की लड़कियों के सामने छेड़ा तो तूफ़ान ही आ गया।

"आप मानते हैं आज के ज़माने में ऐसी स्टूपिड बात कि लड़कियों में ज़्यादा जेलसी है," रागिनी ने कहा।

"मैं...मैं नहीं मानता। ये नतीजा निकाला है कई पढ़े-लिखे लोगों ने। इसमें एक लड़की भी शामिल है।"

"कहाँ है। लाइए उस लड़की को। और वो पढ़े-लिखे अनपढ़ लोग कहाँ हैं। देखें ज़रा उनको, मरम्मत करें उनकी।"

"देखिए, हिंसा पर उतारू होने की ज़रूरत नहीं है। मामले को ठंडे दिमाग़ से सोचिए," मैंने आग बुझाने की कोशिश की।

"आप आज भी वैसे ही ब्रेनवॉश कर रहे हैं जैसे पहले कर रहे थे। मेरा मतलब हज़ारों साल से।"

"देखिए, मैं तो हूँ भी नहीं हज़ारों साल से। ये तो ऐसे ही हुआ कि बाबर की हरक़तों के लिए आज के मुसलमानों को ज़िम्मेदार माना जाए।"

मेरी इस दलील ने रागिनी को एक मिनट के लिए चुप कर दिया और मैंने भी मौक़ा पाकर बात को आगे बढ़ाया।

"देखिए, मैं मामले को सुलझाना चाह रहा हूँ। दस हज़ार साल पहले

की वनकन्या रागिनी आज दफ़्तर में काम करने वाली रागिनी से कैसे अलग है?''

''जंगल और आज के ऑफ़िस में कोई फ़र्क़ नहीं?''

''ज़रा सोचो,'' मैंने लम्बी साँस लेकर कहना शुरू किया, ''दस हज़ार साल पहले एक आदमी की ज़िन्दगी किस बात के चारों तरफ़ घूमती थी... रोज़ी-रोटी कमाना...शिकार करके या जैसे भी...और फिर रोज़ी-रोटी कमाने के बेहतर तरीक़े ढूँढ़ना। दूसरा, अच्छे से अच्छा साथी ढूँढ़ना यानी कि मेट। आज देखें तो ऊपर-ऊपर से फ़र्क़ नज़र आता है। न अलाव है, न शेर, न जंगल, न मोर। लेकिन सोचो तो इस दफ़्तर में भी इन्सान वैसी ही हरकत कर रहा है जैसी हज़ार साल पहले करता था। नौकरी बचाए रखना, चाहे किसी और की नौकरी को हड़पकर, बेहतर नौकरी ढूँढ़ना, दूसरे मर्दों के साथ मुक़ाबला करना कि सबसे अच्छी लड़की किसे मिले।''

''तो इसमें लड़की की मर्ज़ी का कोई मीनिंग नहीं,'' रागिनी ने कहा, ''वो कोई इनएनीमेट, कोई बेजान-सी चीज़ है जिसकी अपनी कोई मर्ज़ी नहीं! जिसने जीत लिया उसकी हो गई!''

''आप कोई बहुत ग़लत नहीं कह रही हैं। औरतें कामयाब लोगों को ही पसन्द करती हैं। जो धनुष तोड़ ले, जो ज़्यादा शिकार लाए, या आज की हालत में जो ज़्यादा तनख्वाह लाए, उसका ज़्यादा ख़याल रख सके, उसके नख़रे उठाए।''

''देखो यार मैं रामायण की कैरेक्टर नहीं हूँ,'' दिव्या ने कहा था, ''मैं कोई ऐसी चीज़ नहीं हूँ जिसे कि कोई भी ताक़तवर आदमी उठाकर ले जाए। मेरी भी अपनी ज़िन्दगी है जिसकी मैं मालिक हूँ।''

''अच्छा! बड़ी ख़ुशी हुई एक ऐसे इन्सान से मिलकर जो अपनी ज़िन्दगी की मालिक है।''

''क्यों?'' दिव्या ने नाराज़ होकर कहा, ''क्या आप मालिक नहीं हैं अपनी ज़िन्दगी के?''

''मेरे ख़याल से हम में से कोई भी अपना मालिक नहीं। हमारे अन्दर का वनमानुष...प्रिमिटिव मैन...हमारा मालिक है। पत्तों की जगह जीन्स पहनने से वनमानुष बदल नहीं जाता। मैं आपका पीछा एक डाल से दूसरी

डाल पर न करके एक क्लब से दूसरे क्लब करता हूँ। कौन-सा फ़र्क़ आ गया।''

''फ़र्क़ ये आ गया है कि मुझे न आपकी ज़रूरत है न आपकी दुम की,'' ये दिव्या थी।

''देखिए, पर्सनल होने की ज़रूरत नहीं,'' मैंने कहा।

''ये भी तो हो सकता है कि आज की लड़की ये तय करे कि कौन-सी दुम उसे पसन्द है, क्योंकि वो किसी पर डिपेंडेंट नहीं। वो ख़ुद शिकार कर सकती है।'' ये रागिनी थी।

''शिकार से आपका मतलब नौकरी से है या कि पराए मर्द के शिकार से है?''

''दोनों,'' रागिनी ने इत्मीनान से कहा, ''आज की लड़की को शाम तक किसी का इन्तज़ार करने की ज़रूरत नहीं है। वो अपनी मर्ज़ी का शिकार कर सकती है।''

''मैंने इस बात से कब इनकार किया। लेकिन क्या औरत जेलसी से पूरी तरह ऊपर उठ गई है,'' मैंने पूछा।

''उतना ही जितना कि मर्द,'' रागिनी ने कहा।

''आपको कैसे मालूम कि मर्द कितना ऊपर उठा है।''

''दोनों एक ही तरह के हैं। कोई फ़र्क़ नहीं।''

''यही तो मैं समझना चाह रहा हूँ,'' मैंने कहा, ''क्या आज के हालात में दोनों एक जैसे हो गए हैं? क्या औरत को आज वैसी सेक्योरिटी की ज़रूरत नहीं जैसे पहले थी?''

''औरत ज़्यादा वफ़ादार होती है। मर्द यहाँ-वहाँ भटकता है। औरत नहीं।'' ये दिव्या थी।

''तो डिफ़रेंट हुई ना?''

''हाँ, वफ़ादारी के मामले में,'' दिव्या ने कहा।

''तो इस वफ़ादारी की वजह उसकी बायोलोजिकल नीड्स नहीं हैं? एक बच्चे को पैदा करने में और उसका ख़याल रखने में उसे बहुत वक़्त देना पड़ता है। मर्द के साथ उसका ताल्लुक़ एक रात में पूरा नहीं होता...मेरा मतलब है कम से कम वो तो यही चाहेगी। वो उसके बच्चे की माँ बनती

है और उसे लगता है कि मर्द के साथ उसका रिश्ता एक लम्बे वक़्त के लिए है।''

''तो क्या एक ही रिश्ते से औरत और मर्द की एक्सपेक्टेशन अलग-अलग हैं?'' रागिनी ने पूछा।

''यही तो मैं जानना चाहता हूँ।''

''लेकिन आज ये रिश्ता पुराना पड़ चुका है,'' दिव्या ने कहा।

''अच्छा! कैसे?'' मैंने पूछा।

''आज औरत बिना बच्चा पैदा किए रह सकती है। बिना मर्द के रह सकती है। और मर्द के बिना शादी भी कर सकती है।''

''अगर आप लेस्बियन मैरेज की बात कर रही हैं तो अभी तक ये समाज की मेनस्ट्रीम नहीं है,'' मैंने कहा।

''मेनस्ट्रीम नहीं तो क्या। औरत ने ये साबित तो कर दिया कि उसकी ज़िन्दगी मर्द के चारों तरफ़ घूमे, ये ज़रूरी नहीं,'' दिव्या ने कहा।

''देखो, बहको मत। लेस्बियन या होमोसेक्शुअल रिश्ते में भी एक एक्टिव होता है और एक पैसिव। यानी कि एक का रोल मर्द जैसा होता है, दूसरे का औरत जैसा। उसमें भी वैसी ही जेलसी होती है जैसी कि औरत-मर्द के बीच।''

''तो?'' ये रागिनी थी।

''तो ये मैम, कि समाज चाहे जितना आगे बढ़ जाए, रहेगा गुफाओं में।''

''तो?'' अब दिव्या ने छेड़ना चाहा।

''तो यही कि लड़कियाँ ज़्यादा जेलस होती हैं।''

''जानते हो क्यूँ,'' दिव्या ने कहा, ''क्योंकि मैन प्रोमिस्कुअस होता है।''

''वही तो,'' मैंने कहा, ''मेरा भी यही कहना है। गुफाओं में मर्द के बेवफ़ा होने का पोटेंशियल औरतों से ज़्यादा था। और आज भी उसका रुझान वैसा ही है। औरत में ये पोटेंशियल पहले भी कुछ कम था और आज भी कुछ कम है। तो इनमें जेलसी ज़्यादा है।''

पता नहीं बातों के जाल का असर था या कि मेरी बात में सचमुच

गहराई थी कि दोनों लड़कियाँ ख़ामोश हो गईं और सोच में डूब गईं।

मैंने शाम को प्रोफ़ेसर को मुबारक़बाद दी कि 'थ्योरी' सही साबित हुई।

"तुम बातों पर सवार थे या कि बातें तुम पर?" प्रोफ़ेसर ने पूछा।

"पता नहीं प्रोफ़ेसर। मुझे लग रहा है कि हम सब पर वनमानुष सवार है।"

19

वनमानुष की बात भी ख़ासी बहस का मुद्दा रही।

उस दिन मोनिका लेविंस्की मामले में प्रेसीडेंट क्लिंटन की गवाही का टेप टेलीविज़न पर दिखाया जा रहा था। अपने नाजायज़ ताल्लुक़ात को वो क़बूल कर रहे थे। हमारी मंडली में मूड ख़ासा क्लिंटन-विरोधी था। अकेला मैं उनकी तरफ़ से मोर्चा सँभाले हुए था।

"ये भी कोई बात हुई," प्रोफ़ेसर ने कहा, "व्हाइट हाउस की छत के नीचे ऐसी हरकत?"

"अरे भाई जो जहाँ रहता है वहीं तो ऐसी हरकत करेगा। झोंपड़ी में रहता तो वहीं ये हरकत होती," मैंने जवाब दिया।

"तो आप सही मान रहे हैं?" प्रोफ़ेसर ने कहा।

"मैं कौन होता हूँ सही मानने या न मानने वाला। मेरा सिर्फ़ ये कहना है कि ये दो लोगों का निजी मामला है। इसे निजी ही रहने दीजिए।"

"क्या प्रेसीडेंट भी ऐसा कर सकता है?" प्रोफ़ेसर ने ज़रा ऊँची आवाज़ में कहा।

"मामला प्रेसीडेंट होने का है ही नहीं," मैंने कहा।

"तो फिर क्या होने का है?" तुमने पूछा था।

"बात एक पुरुष और एक महिला के बीच है। इस मामले में व्हाइट हाउस, राष्ट्रपति, अमेरिका, महाशक्ति, न्यूक्लियर बटन वग़ैरह-वग़ैरह...ये

सब मायने रखते ही नहीं। व्हाइट हाउस हुआ या कोई गुफा हुई, एक ही बात है,'' मैंने कहा था।

''तुम बार-बार गुफा में घुस जाते हो,'' प्रोफ़ेसर ने कहा, ''ये गुफा कोई सिम्बल है?''

''यही समझो। सिम्बल है इस बात का कि अमेरिकी हो या हिन्दुस्तानी, व्हाइट हाउस का हो या झोपड़-पट्टी का, इक्कीसवीं सदी ईसवी का हो या इक्कीसवीं सदी ईसा पूर्व का...बुनियादी आदमी तो वही है।''

तुमने चौंककर पूछा, ''आप ये बुनियादी आदमी कहते हैं...क्या होता है ये?''

''यानी कि...,'' मैं कुछ लड़खड़ा-सा गया, ''यानी कि वो जो...वो जो...''

''वो जो शिकार की तलाश में रहे?'' प्रोफ़ेसर ने शरारत से पूछा।

''मतलब वो तो नहीं। लेकिन मेरा मतलब ये है कि जो मूल प्रवृत्ति है वो तो बदलती नहीं। चाहे वक़्त बदल जाए। पत्तों की जगह सूट पहन लें।''

''मतलब कि अगर हम लोगों ने कपड़ों की जगह पत्ते पहने होते तो भी हम यूँ ही बातचीत कर रहे होते?'' प्रोफ़ेसर ने मुझे छेड़ने के अन्दाज़ से कहा।

''बिलकुल,'' मैंने कहा।

बात घूम-फिरकर अब वहीं आ रही थी जहाँ कि मुझे ख़तरा महसूस होने लगता था।

प्रोफ़ेसर अब मुझे घूरने के मूड में आ गए।

''बताओ कैसे?''

''वो ऐसे,'' मैंने कहा, ''कि स्टोन एज के इन्सान की दो अहम ख़्वाहिशें होती थीं। पेट भरना और साथी ढूँढ़ना। बाक़ी सब कुछ इन ख़्वाहिशों के इर्द-गिर्द घूमता था।''

''आज के कॉन्टेक्स्ट में बताओ,'' प्रोफ़ेसर अड़े रहे।

''भाई दफ़्तर में लोगों में होड़ रहती है अपनी नौकरी बचाने की या बेहतर नौकरी पाने की। दूसरी होड़ रहती है पार्टनर ढूँढ़ने की। तो फ़र्क़

कहाँ हुआ।''

मैं अपनी बात कहकर कुछ शरमाकर चुप हो गया।

''अच्छा ये बताओ। हम लोग यहाँ बैठे हैं। बात कर रहे हैं। इसमें क्या है स्टोन एज जैसा?''

अब मैं क्या कहता! तुम्हें देखता रहा।

''क्या यहाँ भी किसी तरह की होड़ है?'' प्रोफ़ेसर ने छेड़ा।

''बताओ, है क्या?'' मैंने घबराकर बात तुम्हारी तरफ़ मोड़ दी। शायद तुम्हें उम्मीद नहीं थी कि मैं एकाएक तुमसे ये पूछ बैठूँगा।

''हाँ,'' तुम्हारे मुँह से निकला और तुम लाल हो गईं। ऐसा लाल रंग जो मैंने सिर्फ़ तुम्हारे चेहरे पर देखा है।

इससे पहले कि मैं और प्रोफ़ेसर कुछ समझते, तुम उठीं और दुपट्टा सँभालते हुए तीर की तरह कमरे से बाहर चली गईं, लेकिन जाते-जाते शायर से टकरा गईं, जो कमरे में दाख़िल हो रहा था। पीछे-पीछे मौलाना भी दाख़िल हुए।

''वो जाता था कि हम निकले,'' शायर ने कहा। लेकिन तुम रुकीं नहीं जवाब देने के लिए।

''क्या हुआ?'' शायर ने पूछा।

''कुछ नहीं,'' मैंने कहा।

''कुछ तो है,'' प्रोफ़ेसर ने कहा।

''मतलब?'' मैंने झुँझलाकर कहा।

''मतलब ये कि इस 'हाँ' का क्या मतलब है। कौन किसकी होड़ में है यहाँ। इस छोटे से ग्रुप में जेंडर इमबैलेंस इतना ज़्यादा है कि होड़ स्वाभाविक है, लेकिन भाई मैं ऐलान करना चाहता हूँ कि इस मामले में मैं वनमानुष नहीं हूँ। शरीफ़ इज़्ज़तदार आदमी हूँ। हिन्दुस्तान में बीवी-बच्चे इन्तज़ार कर रहे हैं। इसलिए कम्पटीशन में मैं नहीं हूँ। मुझे किसी साथी की तलाश नहीं है। अब बताओ कौन है?''

''मैं क्या बताऊँ?''

''मियाँ अब यहाँ सिर्फ़ चार लोग हैं। बता भी दोगे तो कोई डर की बात नहीं है,'' प्रोफ़ेसर ने ड्रामाई अन्दाज़ में फुसफुसाकर कहा।

मैंने मौलाना और शायर की तरफ़ इशारा किया तो प्रोफ़ेसर ने ठहाका लगाया, ''मियाँ, ये तो मुसलमान हैं।''

''तो मैं?''

''तुम तो कबीर हो।''

''दो बातें। ये मुसलमान हैं तो मैं कैसे नहीं। और दूसरी बात, ये होड़ से अलग कैसे हो गए।''

''देखो, शायर और मौलाना की इतनी हिम्मत नहीं। वो सिर्फ़ बातें ही बातें करते हैं।''

मैंने नोट किया कि मौलाना मुस्कुराए। पता नहीं किस बात पर ख़ुश हुए।

''और तुम,'' प्रोफ़ेसर बोलते रहे, ''तुम तो वही हो जो तुम्हारा नाम है। ट्रेडिशनल ताल्लुक़ात के दायरे के बाहर सिर्फ़ तुम ही निकल सकते हो।''

''ठीक बात कि मैं हर तरह के दायरे के बाहर निकल सकता हूँ। लेकिन होड़ में शामिल हूँ ये कैसे साबित होगा?''

''ज़रूरत ही नहीं है,'' प्रोफ़ेसर ने कहा, ''तुम्हारे चेहरे पर लिखा है।

20

‘‘मेरे हिन्दुस्तान लौटने का समय क़रीब आ रहा है।’’ तुमने कमरे की खिड़की से बाहर आसमान की तरफ़ देखते हुए कहा था। कमरे में मैं और तुम थे सिर्फ़।

‘‘अभी इतना जल्दी। अभी तो आई हो।’’

‘‘पूरे छह महीने हो गए मुझे आए हुए।’’

‘‘तो क्या हुआ। मुझे तो नहीं लगता कि बहुत दिन हुए हैं।’’

‘‘बहुत दिन हो भी नहीं सकते,’’ तुमने कहा था।

‘‘दिन जितने भी होते हैं साथ, थोड़े होते हैं।’’

मैं चुप हो गया और गहराते आसमान को देखता रहा।

‘‘दिन से क्या होता है,’’ तुमने कहा था, ‘‘ताल्लुक़ात को दिनों में नहीं गिना जा सकता। छह महीने की गहराई ज़िन्दगी भर के साथ से बढ़कर हो सकती है।’’

मैं जानता था कि तुम अपना और मेरा दिल बहला रही हो।

‘‘अपना ख़याल रखोगे?’’ ये सवाल था, उम्मीद थी या कि आदेश या कि ये सब कुछ–कहना मुश्किल था। जो भी हो, मैं चुप ही रहा।

‘‘किसी को ढूँढ़ लेना जो तुम्हारा ख़याल रखे।’’

‘‘मतलब?’’ मैंने पूछा।

‘‘कोई लड़की...सिर्फ़ एक कोई जो तुम्हें पसन्द हो। ये नहीं कि हर

एक के साथ...सिर्फ़ किसी एक के साथ दिल लगाओ। वही तुम्हारा ख़याल रखेगी।''

''क्या बकवास है। मुझे नहीं ज़रूरत किसी की।''

''है ज़रूरत तुम्हें। तुम अपना ख़याल नहीं रख सकते।''

''पहले कैसे रखता था।''

''अब तुम्हारी आदत बिगड़ गई है।''

''हाँ ये तो है। लेकिन आदत यही है कि तुम मेरा ख़याल रखो, ये थोड़े ही कि कोई भी।''

''सुनो। मेरी एक फ़्रेंड है यहाँ। हेलेन नाम है उसका। तुम मिले थे उससे।''

''कब?''

''एक बार यहाँ आई थी मुझसे मिलने के लिए। तुम्हें पसन्द करती है। अकेली है। उसे एक बच्चा चाहिए।''

''क्या?'' मैंने आँख फाड़कर कहा।

''हाँ। सिंगल मदर कोई अनोखी बात तो नहीं यहाँ।''

''ठीक है, लेकिन कल्पना ये मुझे क्यूँ बता रही हो। वो इस समाज में रहती है उसे क्या मुश्किल होगी बच्चे का बाप ढूँढ़ने में।''

''तुम्हारी ज़रूरत है उसे।''

''क्यूँ। भूरी चमड़ी पसन्द है?''

''जो भी हो। तुम मेरे जाने के बाद यहाँ-वहाँ भटकोगे। ये ठीक नहीं। हेलेन तुम्हारे लिए अच्छी लड़की है। तुम्हारा ख़याल रखेगी।''

''तुम्हें शरम नहीं आई ये कहते हुए।''

''आई लेकिन फिर चली गई,'' तुमने मुस्कुराकर कहा था।

''मुझे नहीं सुनना इस वाहियात बात को।''

''प्लीज़, मान जाओ। किसी एक का साथ होना चाहिए।''

''होना चाहिए। तुम्हारा। तुम रुक क्यूँ नहीं जातीं?''

मेरी ज़िद्द देखकर तुम ख़ामोश हो गई थीं।

बाप बनने के आफ़र ने मुझे हिलाकर रख दिया। शाम को जब हमारी मंडली जमी तो जान-बूझकर मैंने बात छेड़ी। आज हाउस फ़ुल था। मैं, तुम,

प्रोफ़ेसर, शायर और मौलाना भी थे।

"शादी के बग़ैर बच्चा पैदा करना...क्या ये सही है?" मैंने झिझकते हुए सवाल पूछा, हालाँकि कौन इसका क्या जवाब देगा, मुझे कुछ हद तक मालूम था।

मौलाना ने चौंककर कहा, "आप पर विलायत का असर हो ही गया। इसी बात का ख़तरा था मुझे। ख़याल आना भी गुनाह है।"

"ख़यालों का क्या है मौलाना साहब, बिना पूछे चले आते हैं। अगर मेरी मर्ज़ी से चलते ये ख़याल तो और भी बुरे-बुरे बुलाता।"

"बिना निकाह के साथ रहना गुनाह है।"

"और अगर आप किसी को बहुत पसन्द करते हैं तो?" मैंने कहा।

"निकाह कर लीजिए। किसने रोका है?" मौलाना ने जवाब दिया।

"आख़िर निकाह क्या है। दो लोगों के बीच का एक एग्रीमेंट, एक राज़ीनामा।"

"जी हाँ, लेकिन एक ऐसा एग्रीमेंट जो समाज की नज़र में भी जायज़ हो। यानी एक मर्द और एक औरत के बीच का मुआहिदा और समाज की रज़ामन्दी। इसीलिए निकाह के लिए गवाह ज़रूरी होते हैं," मौलाना ने कहा।

"गवाह का मतलब है समाज की रज़ामन्दी," मैंने कहा।

"जी हाँ," मौलाना ने कहा।

"तो अगर समाज को ऐसे दो लोगों के साथ रहने पर एतराज़ नहीं है जिन्होंने दो बोल नहीं पढ़े हैं तो क्या वो रिश्ता जायज़ नहीं हो जाता?"

"कौन-सा समाज है ऐसा?" मौलाना ने जलकर कहा था।

"वही जिसमें आप रह रहे हैं। समाज तो समाज, ब्रिटेन की सरकार भी लिविंग टुगेदर को जायज़ मानती है। तो जब समाज किसी चीज़ को सही मानने लगे तो वो बात सही हुई कि नहीं।"

मैं मौलाना की और खिंचाई कर सकता था, लेकिन इसका कोई नतीजा नहीं निकलता। ये बहस उनकी समझ की हदों को पार कर रही थी।

"क्यूँ प्रोफ़ेसर, लिविंग टुगेदर के बारे में आपका क्या ख़याल है?" मैंने पूछा।

"ख़याल तो बहुत अच्छा है। काश!"

"मैं ये नहीं चाहता कि इस बारे में आप कोई क़दम उठाएँ। हिन्दुस्तान में आपके बीवी और बच्चे हैं, उनका क्या होगा। थ्योरेटिकली बताइए हम जैसे नौजवानों के लिए क्या ये ठीक है?"

"देखो, शादी में और लिविंग टुगेदर में मैं कोई फ़र्क़ नहीं देखता। अगर ब्रिटेन के समाज को ही देख लो तो पाओगे कि जो लोग बग़ैर शादी के साथ रहते हैं, वो भी वैसी ही वफ़ादारी निभाते हैं, या कोशिश करते हैं, या कम-से-कम उनसे उम्मीद की जाती है कि वो ऐसी वफ़ादारी निभाएँ, जैसी कि शादीशुदा लोगों से उम्मीद की जाती है।"

"तो फिर लिविंग टुगेदर का मज़ा ही क्या रहा जब वही सारे बन्धन हैं," मैंने कहा।

"यही तो बात है। दो लोग...औरत और मर्द कहना पोलिटिकली करेक्ट नहीं है क्योंकि औरत और औरत, मर्द और मर्द भी तो साथ रहते हैं यहाँ," प्रोफ़ेसर ने सिगरेट सुलगाते हुए कहा, "दो लोग जब साथ रहते हैं तो ये नहीं होता कि कोई कहीं भी मुँह मारता फिरे या अगर ऐसा करे तो उसे बुरा न माना जाए। दो लोगों का साथ...चाहे दो महीने का हो...उस दौरान वैसी ही उम्मीदें की जाती हैं जैसी कि हमारे यहाँ की शादी में। वफ़ादारी।"

"कोई रिश्ता किसी मौलाना, किसी पंडित की मौजूदगी में पक्का न हुआ हो...सिर्फ़ दो लोगों के बीच हुआ हो तो इससे वो रिश्ता कोई छोटा नहीं हो जाता," तुमने धीमे से कहा था।

"सही," प्रोफ़ेसर ने कहा, "जहाँ मैं रिसर्च कर रहा हूँ वहाँ दो लोग हैं...मर्द और मर्द...साथ रहते थे मियाँ-बीवी की तरह। हुआ ये कि एक को रिसर्च के सिलसिले में कहीं बाहर जाना पड़ा कुछ दिनों के लिए। पीछे से दूसरे ने अलग रिश्ता क़ायम कर लिया किसी और मर्द के साथ।"

"नाजायज?" मैंने कहा।

"हाँ, नाजायज़ ही कहेंगे इसे," प्रोफ़ेसर ने कहा।

"हुआ ये कि जब साथी बाहर से लौटा तो मालूम हुआ सब। खूब लड़ाई हुई...बिलकुल वैसे जैसे किसी मियाँ-बीवी के बीच हो सकती है अगर दोनों में से कोई बेवफ़ाई पर उतर आए तो...और फिर दोनों अलग हो गए।

इस पूरे मामले पर ग़ौर किया मैंने तो पाया कि लिविंग टुगेदर के नियम-क़ानून भी बिलकुल शादी-ब्याह जैसे हैं।''

''लेकिन औलाद के साथ ये नाइंसाफ़ी नहीं है?'' मैंने पूछा।

''इंसाफ़ और नाइंसाफ़ी के मायने ही बदल गए। यहाँ एक बच्चे के कई-कई बाप होते हैं।''

''ये कैसे?'' मैंने अनजान बनकर पूछा।

''मतलब असली बाप तो एक ही होता है, लेकिन माँ ने एक के बाद एक कई शादियाँ की हैं...मेरा मतलब कई लोगों से रिश्ता बनाया है...तो कई बाप हो ही जाते हैं। और अगर असली बाप का नाम पता ना भी हो तो कोई बात नहीं। बच्चा माँ के नाम से ही जाना जाएगा। कोई चीज़ अपने आपमें अच्छी-बुरी नहीं होती। उसे देखने का अन्दाज़ अच्छा-बुरा होता है। जब लिविंग टुगेदर को समाज स्वीकार करता है तो फिर इस रिश्ते से पैदा होने वाली औलाद को भी स्वीकार करता है। जायज़ और नाजायज़ की परिभाषा बदलती जाती है।''

''ज़बाने-हाल से माज़ी की दास्ताँ न कहो,
हरेक दौर में क़द्रें बदलती जाएँगी।''

हमेशा की तरह ये शायर था। बात में वज़न इतना था कि पूरी महफ़िल पर सन्नाटा-सा छा गया।

''लेकिन प्रोफ़ेसर जो भी कहो दिल नहीं मानता,'' मैंने ख़ामोशी को तोड़ते हुए कहा।

''आपसे कौन कह रहा कि आप दिल को मनाएँ। हिन्दुस्तान लौटना है कि यहीं बसना है। अगर लौटना है तो दिल को मनाने की कोशिश मत करो, वरना सन् दो हजार बीस में जब तुम चुनाव लड़ोगे तो कोई लड़का खड़ा होकर ये कहेगा कि तुम उसके असली बाप हो। और तुम जानते हो ये डी.एन.ए. टेस्ट का ज़माना है,'' प्रोफ़ेसर ने मेरी खिंचाई की।

मेरी और तुम्हारी नज़र एक बार मिली और फिर मैंने नज़र चुरा ली। कहाँ गई इस लड़की की जेलसी, मैंने सोचा।

21

लन्दन में तुम्हारा आख़िरी दिन था और वो भी संडे ही था। तुम सुबह से ही ज़िद्द कर रही थीं कार्ल मार्क्स के मज़ार पर जाने की। पहले भी जाने कितनी बार तुम्हें टाल चुका था।

जब तुमने पहली बार ये ज़िद्द की थी तो हमेशा की तरह हम लोग बातों पर सवार हो गए थे।

"क़ब्रिस्तान भी कोई जगह है ले जाने की?" मैंने कहा था।

"तुम्हें तो बड़ा फैसिनेशन है। अब ले चलो मुझे।"

"तुम्हारा क्या काम वहाँ," मैंने कहा।

"क्यूँ?"

"ज़िन्दगी का मज़ार पर क्या काम," मैंने मुस्कुराकर कहा।

तुम जवाब देतीं उससे पहले प्रोफ़ेसर कमरे में आ गए। पूरी बात सुनकर बोले, "यूँ शरमा रहे हो ले जाने में जैसे अपना मज़ार हो।"

"अपने मज़ार पर शरमाना क्यूँ। ख़ूब मेहमान-नवाज़ी करता। अपना सी.वी. पढ़वाता," मैंने कहा।

"सी.वी.?" प्रोफ़ेसर ने पूछा।

"लगता नहीं आपको मज़ार पर संगेमरमर के पत्थरों पर जो खुदा होता है वो सी.वी. जैसा होता है। सो एंड सो एम.ए., एल.एल.बी. इंडियन सिविल सर्विस, रेज़ीडेंट ऑफ़..." मैंने हँसते हुए कहा।

‘‘असली बात पर आइए। मार्क्स के मज़ार पर ले जाएँगे कि नहीं,’’ तुमने पूछा।

‘‘उसका सी.वी. तो तुम्हें मालूम ही है। क्या करोगी जाकर।’’

इसी तरह से बातों-बातों में हमेशा टालता रहा, लेकिन लन्दन में तुम्हारी आख़िरी शाम टालना मुश्किल था।

हाइगेट सिमेट्री पहुँचे तो मार्क्स के मज़ार पर सूरज डूबने को था।

‘‘ये पहला मौक़ा है कि टिकट लेकर क़ब्रिस्तान आना हुआ है,’’ तुमने कहा।

‘‘जी हाँ, आमतौर पर लोग बिना टिकट लाए जाते हैं,’’ मैंने मार्क्स के मज़ार पर एक गुलदस्ता रखते हुए कहा।

‘‘सोचो कितने बेवतन लोग यहाँ रहते हैं,’’ तुमने एक इराक़ी व्यंग्यकार के मज़ार की तरफ़ इशारा किया।

‘‘मार्क्स भी तो बेवतन है,’’ मैंने कहा।

‘‘वैसे तो हर कोई बेवतन है। तुम, हम,’’ तुमने कहा।

हम दोनों सोच में डूब गए। मज़ार पर मार्क्स की एक बड़ी-सी मूर्ति के क़रीब बैठे हम दोनों ठीक सामने इराक़ी व्यंग्यकार के मज़ार को देखने लगे।

‘‘सोचो जब रात को सिमेट्री के दरवाज़े बन्द हो जाते हैं, तो मार्क्स साहब बाहर निकलकर क्या कहते होंगे?’’ मैंने कहा।

‘‘चल खुसरो घर आपने,’’ तुमने कहा।

‘‘रैन भई चहुँ देस,’’ मैंने पूरा किया।

‘‘और ये ह्यूमरिस्ट क्या टाँग खींचता होगा उनकी। क्या-क्या सवाल पूछता होगा। क्यूँ साहब अब मरने के बाद होश आया है?’’ तुमने कहा।

‘‘क्यूँ, मेरा पैग़ाम तो आज भी ज़िन्दा है,’’ मैंने मार्क्स की तरफ़ से कहा।

‘‘ख़ाक़ ज़िन्दा हैं। आपको समझकर कोई समझ सका है दुनिया को?’’

‘‘मुझे समझकर ही तो समझ सका है,’’ मैं जवाब देता रहा।

‘‘मुझे तो लगता है कि आपकी तरह आपका पैग़ाम भी मुर्दा है।’’

"शरम आनी चाहिए आपको," मैंने कहा।

"मुझे क्यूँ। आपको नहीं कि पूरी सदी को गुमराह कर दिया।"

"कैसे?" मैंने पूछा।

"रूह के लिए कोई जगह ही नहीं छोड़ी।"

"रूह होती है क्या?" मैंने पूछा।

"तो मार्क्स साहब, आप क्या हैं?" तुमने कहा।

"मैं एक पूरे क्लास की आवाज़ हूँ," मैंने कहा।

"यही तो मुश्किल है आपकी, इसीलिए तो मार्क्स साहब क़ब्रिस्तान में हैं। क्लास के जज़्बात नहीं होते? उसकी रूह नहीं होती?" तुमने कहा।

मैं ख़ामोश होकर सामने इराक़ी व्यंग्यकार के मज़ार को देखता रहा। तुम शायद मुझे देख रही थीं।

"कोई तुक है?" थोड़ी देर के बाद मैंने कहा।

"किस बात की?"

"तुम्हारे आने की," मैंने कहा।

"तुक से ऊपर उठकर देखो तो है," तुमने कहा।

"मैं तो रेशनलिस्ट हूँ। यही समझता रहा हूँ हमेशा कि हर बात की कोई तुक होगी?" मैंने कहा।

"और उस तुक की भी कोई तुक होगी," तुमने कहा।

मैं ख़ामोश रहा।

"और फिर उस तुक के तुक की भी कोई तुक होगी?" तुमने कहा।

"सब बेतुक है," मैंने कहा।

"जितना तुक में जाओगे उतना ही सब बेतुका लगेगा," तुमने कहा।

हमेशा की तरह हमारे बीच बातों का खेल चलता रहा।

"मैं बातों पर सवार हूँ या कि बातें मुझ पर सवार हैं, कह नहीं सकता। लेकिन कभी-कभी तुम्हारी बातों पर इतना ताज्जुब नहीं होता, जितना अपनी बातों पर।"

"जैसे?" तुमने पूछा।

"जो तुमसे कहता हूँ वो सुनकर कभी-कभी चौंक जाता हूँ। है कोई तुक?"

"है ना।"

"क्या?"

"तुम्हारे अन्दर का तुम है जो तुम्हें चौंका रहा है," तुमने कहा।

"तो मेरा मैं मेरे क़ाबू में नहीं है?"

"क्यूँ करना चाहते हो?" तुमने पूछा।

"क्योंकि मैं चाहता हूँ कि मैं अपने क़ाबू में रहूँ," मैंने कहा।

"लेकिन तुम्हारा मैं तो ये नहीं चाहता," तुमने कहा।

"कैसे पता?"

"मेरे मैं ने कहा," तुमने कहा और फिर चुप हो गई।

"मेरा मैं और तुम्हारा तुम। ये हमसे तुमसे अलग हैं क्या?" मैंने पूछा।

"बातों के सवार," तुमने आहिस्ता से कहा जैसे मेरी बात का जवाब दे रही हो।

"तुमसे कहा किसने था आने को?" मैंने पूछा।

तुम चुप।

"तुम हो कौन?" मैंने पूछा।

फिर चुप।

"बताओ?" मैंने ज़िद्द की।

"पता चलते ही बताऊँगी।"

"अपने मैं से पूछो," मैंने कहा।

"वो कब मेरी बात सुनता है," तुमने कहा।

"तो फिर?" मैंने कहा।

ये शायद कोई सवाल नहीं था। कोई जवाब भी नहीं था।

"हम जो चाहते हैं उसे पाएँ, ये हमारे इख़्तियार में नहीं," तुमने कहा।

मैं सुनता रहा।

"...लेकिन क्या चाहें ये भी तो हमारे इख़्तियार में नहीं," तुमने कहा।

"मैं तो हमेशा ख़ुद को अपनी मर्ज़ी का मालिक समझता था," मैंने कहा।

"बाजीगर का बांदरा?" तुमने छेड़ा।

"ऐसा जीउ मन के साथ," मैंने कहा।

''नाना नाच नचाए के राखे अपने हाथ,'' हम दोनों ने कोरस में कहा और एक-दूसरे की हाज़िरजवाबी पर बहुत ख़ुश हुए।

हँसी रुकी तो तुमने पूछा, ''लेकिन वो हाथ किसके क़ाबू में हैं?''

हम दोनों क़ब्रिस्तान की वीरानी देखते रहे।

''इत्ती बातें की हम सबने। सुबह-शाम। सोस्योलोजी, एन्थ्रोपोलोजी, मज़हब...हर नज़र से। जेंडर रिलेशंज़ पर, इन्सानी ताल्लुक़ात पर। प्रोफ़ेसर, शायर, मौलाना और एक मेरे जैसा दुनियावी आदमी...कहीं पहुँची हमारी समझ?'' मैंने कहा।

''जहाँ पहुँचना था उसके लिए इत्ते आलिमों की ज़रूरत थोड़े ही है। ज़रा से शब्द ही काफ़ी हैं,'' तुमने कहा।

''चाहे कहे जाएँ, या न कहे जाएँ?'' मैंने कहा।

''ऐसा सबद कबीर का, काल से लेत छुड़ाय,'' तुमने कहा।

''कार्ल से लेत छुड़ाय,'' मैंने एक ठहाका लगाकर कहा।

ख़ामोश क़ब्रिस्तान में ठहाका काफ़ी देर तक और दूर-दूर तक गूँजता रहा। बातों के सवार आसमान के बदलते हुए रंग को देखते रहे।

❑❑❑